"岗课赛证"融合教学改革与实践

冯依锋　王　莎◎著

中国纺织出版社有限公司

内 容 提 要

本书是根据国务院 2019 年 1 月颁布的《国家职业教育改革实施方案》和教育部等四部门 2019 年 4 月印发的《关于在院校实施"学历证书 + 若干职业技能等级证书"制度试点方案》等文件精神编写而成。书中梳理了"岗课赛证"融合的必要性和实现路径；介绍了土建类专业中的识图课程根据国家要求开展"岗课赛证"改革的思路、课程设置、课程内容等方面的情况；探讨了土建类专业"岗课赛证"教学队伍的建设方法和"岗课赛证"融合分类培养的新路径；最后提出了健全多方协同机制，改革柔性教学管理制度和多元评价方式。

图书在版编目（CIP）数据

"岗课赛证"融合教学改革与实践 / 冯依锋，王莎著 . -- 北京：中国纺织出版社有限公司，2023.12
ISBN 978-7-5229-1350-6

Ⅰ . ①岗… Ⅱ . ①冯… ②王… Ⅲ . ①职业教育—教育改革—研究—中国 Ⅳ . ① G719.21

中国国家版本馆 CIP 数据核字（2024）第 033134 号

责任编辑：张 宏 责任校对：高 涵 责任印制：王 慧

中国纺织出版社有限公司出版发行
地址：北京市朝阳区百子湾东里 A407 号楼 邮政编码：100124
销售电话：010—67004422 传真：010—87155801
http://www.c-textilep.com
中国纺织出版社天猫旗舰店
官方微博 http://weibo.com/2119887771
北京虎彩文化传播有限公司印刷 各地新华书店经销
2023 年 12 月第 1 版第 1 次印刷
开本：710×1000 1/16 印张：8.5
字数：124 千字 定价：98.00 元

Preface
前言 ─────────────────────────────

　　"岗课赛证"融合设计理念是通过综合调配职业教育的各关键要素，系统设计人才培养的各关键环节，将企业岗位情境、校内课堂情境、技能竞赛情境、证书考核情境相融合，打破时间和空间的限制，将学校、企业、行业和评价鉴定机构紧密结合，整合多方力量，实现资源共享，全面提升学生的学习主动性和积极性，学生的个人能力在自身的基础上获得最大可能的提升，稳步提高人才培养的质量，最终成长为各行各业的能工巧匠，真正实现人尽其才、才尽其用的局面。

　　本书根据国务院 2019 年 1 月颁布的《国家职业教育改革实施方案》和教育部等四部门 2019 年 4 月印发的《关于在院校实施"学历证书＋若干职业技能等级证书"制度试点方案》通知的精神编写而成。书中梳理了"岗课赛证"融合的必要性和实现路径；介绍了土建类专业中的识图课程根据国家要求进行"岗课赛证"改革的思路、课程设置、课程内容等方面的情况；探讨了土建类专业"岗课赛证"教学队伍的建设方法和"岗课赛证"融合分类培养的新路径；最后提出了健全多方协同机制，改革柔性教学管理制度和多元评价方式。

冯依锋　王　莎

2023 年 1 月

Contents
目录 ————————————————————

第一章　绪论 ·· 1

　　第一节　类型教育下"岗课赛证"的研究背景 ················ 1

　　第二节　类型教育下"岗课赛证"融合的必要性 ·············· 2

　　第三节　"1+X 证书制度"的内涵 ························ 10

　　第四节　"1+X 证书制度"的必要性 ······················ 11

第二章　"岗课赛证"融合改革现状及存在的问题 ·············· 15

　　第一节　"1+X 证书制度"试点的现状分析 ·················· 15

　　第二节　典型院校"岗课赛证"融合的做法 ················ 20

　　第三节　"岗课赛证"融合存在的问题 ···················· 22

　　第四节　"岗课赛证"融合改革的设计与实施路径 ·········· 23

第三章　专业群与"X"群的书证融通与人才培养方案优化 ······ 27

　　第一节　专业群建设现状 ································ 27

　　第二节　专业群的内涵解析 ······························ 31

　　第三节　专业群组群逻辑调查研究 ························ 41

　　第四节　当前专业群组群逻辑研究 ······················ 50

　　第五节　建群模式思考 ································ 60

　　第六节　高水平专业群建设的一些成功做法 ·············· 67

第四章　"岗课赛证"综合育人模式的现状及分析 ·············· 71

　　第一节　土建行业企业的发展及岗位需求现状 ············ 71

第二节　土建类专业群"1+X 证书制度"的现状分析⋯⋯⋯⋯⋯⋯72

第五章　"岗课赛证"模块建筑识图课程内容建设研究⋯⋯⋯75

　　第一节　识图模块"岗课赛证"融合的改革思路⋯⋯⋯⋯⋯⋯⋯75

　　第二节　识图模块"岗课赛证"融合的课程设置⋯⋯⋯⋯⋯⋯⋯78

　　第三节　识图模块"岗课赛证"融合的课程内容⋯⋯⋯⋯⋯⋯⋯81

第六章　"岗课赛证"的教学团队建设⋯⋯⋯⋯⋯⋯⋯⋯⋯⋯⋯85

　　第一节　高职院校师资队伍的建设现状⋯⋯⋯⋯⋯⋯⋯⋯⋯⋯⋯85

　　第二节　教师教学创新团队建设的现状分析⋯⋯⋯⋯⋯⋯⋯⋯⋯87

　　第三节　高职院校师资队伍的建设要求⋯⋯⋯⋯⋯⋯⋯⋯⋯⋯⋯92

　　第四节　高职院校专业群师资队伍的建设路径⋯⋯⋯⋯⋯⋯⋯⋯93

　　第五节　专业群识图模块三教改革的新要求⋯⋯⋯⋯⋯⋯⋯⋯101

　　第六节　识图教师创新团队的建设思路和实践⋯⋯⋯⋯⋯⋯⋯102

第七章　"岗课赛证"模块课程建设理念研究⋯⋯⋯⋯⋯⋯⋯107

　　第一节　提炼适合职业院校学生分类培养的理念和方法⋯⋯⋯107

　　第二节　探索基于"岗课赛证"融合的分类培养新路径⋯⋯⋯⋯110

　　第三节　实施技能型、技术型和复合型人才的分类培养⋯⋯⋯112

第八章　"岗课赛证"背景下教学管理制度研究⋯⋯⋯⋯⋯⋯117

　　第一节　"岗课赛证"融合新背景下传统管理存在的问题⋯⋯117

　　第二节　建立"岗课赛证"融合的多方协同运行保障机制⋯⋯120

第九章　"岗课赛证"背景下多元评价方式研究⋯⋯⋯⋯⋯⋯123

　　第一节　创新"岗课赛证"融合的柔性化管理和评价方式概述⋯⋯123

　　第二节　以院部发展为中心改革发展性、差异性的教学评价⋯124

参考文献⋯⋯⋯⋯⋯⋯⋯⋯⋯⋯⋯⋯⋯⋯⋯⋯⋯⋯⋯⋯⋯⋯⋯127

第一章

绪论

第一节　类型教育下"岗课赛证"的研究背景

　　类型教育是基于教育的对象、任务、内容和形式的特征，对教育实践所作的划分。国务院 2019 年 1 月颁布《国家职业教育改革实施方案》，提出启动"1+X证书制度"试点工作，深化复合型技术技能人才培养培训模式改革；夯实学生可持续发展的基础，鼓励职业院校学生在获得学历证书的同时，积极取得多类职业技能等级证书，拓展就业创业本领，缓解结构性就业矛盾。

　　2019 年 4 月，教育部等四部门印发《关于在院校实施"学历证书＋若干职业技能等级证书"制度试点方案》，提出重点围绕服务国家需要、市场需求、学生基业能力提升，启动 1+X 证书制度试点工作，有关院校将 1+X 证书试点与专业建设、课程建设、教师队伍建设等紧密结合，推进"1"和"X"的有机衔接，提升职业教育质量和学生就业能力，深化三教改革，促进校企合作。

　　2019 年 9 月，教育部等四部门发布《深化新时代职业教育"双师型"教师队伍建设改革实施方案》，要求聚焦 1+X 证书制度开展教师全员培训，全面落实教师五年一周期的全员轮训制度，对接 1+X 证书制度试点和职业教育教学改革需求，把国家职业标准、国家教学标准、1+X 证书制度和相关标准等纳入教师培训的必修模块。

　　2019 年 11 月，教育部办公厅国家发展改革委办公厅财政部办公厅《关于推进 1+X 证书制度试点工作的指导意见》，要求依托有关师资项目做好 1+X 证书制度试点师资培训，鼓励教师积极承担证书培训任务。

2020 年 1 月，教育部公布了第三批"1+X"职业技能等级证书名单，其中包含建筑工程识图职业技能等级证书。同年 3 月出台了《建筑工程识图职业技能等级标准》，明确了具体要求。建筑工程识图也是职业院校技能大赛省赛和国赛的项目，也是土建类专业群学生必须具备的岗位核心职业能力。

2020 年 9 月，教育部等九部门印发了《职业教育提质培优行动计划（2020—2023 年）》，再次把 1+X 证书制度试点作为一项重点工作深入推进，提出要深入推进 1+X 证书制度试点，及时总结试点工作经验做法，提高职业技能等级证书的行业企业认可度。

2021 年 4 月 13 日，国务院副总理孙春兰在全国职业教育工作会议上提出"岗课赛证"综合育人，提升教育质量的理念；2021 年 10 月 12 日，国务院办公厅印发《关于推动现代职业教育高质量发展的意见》，指出要完善"岗课赛证"综合育人机制，按照生产实际和岗位需求设计开发课程，开发模块化、系统化的实训课程体系，提升学生的实践能力；深入实施职业技能等级证书制度，完善认证管理办法，加强事中、事后监管。

第二节　类型教育下"岗课赛证"融合的必要性

从"岗课对接""课赛衔接""课证融通"到"岗课赛证融通"，是职业教育人才培养和课程系统性变革的重要策略选择，是深化产教融合、校企合作和工学结合的必然举措。《教育部关于学习宣传贯彻习近平总书记重要指示和全国职业教育大会精神的通知》（教职成〔2021〕3 号）明确提出"探索'岗课赛证'相互融合，把住 1+X 证书制度的质量关，引导职业学校充分利用行业龙头企业在专业人才培养和评价方面的成熟标准，结合自身实际，充实改造提升相应课程和专业"。对职业院校来说，"岗课赛证融通"带来的不仅是课程结构、课程体系和课程内容等方面的改革，还包括不同利益主体之间治理结构、治理能力和治理体系的变革。如果不从协同治理的角度去审视"岗课赛证融通"，就很难将"岗课赛证融通"做得深入、做得高效，而职业院校作为"岗课赛证融通"的首要承担者，迫切需要探索教学管理（治理）改革的新思路和新途径。

一、"岗课赛证融通"与职业院校教学管理改革的迫切性

"岗课赛证融通"涉及四个要素："岗"即工作岗位，"课"即课程，"赛"指职业技能大赛，"证"指职业技能等级证书。目前，全面推行"岗""课""赛""证"四者深度融通的实践成果还比较罕见，主要的改革实践集中体现在四者中的二者或三者之间的融通上，"一些地方和职业学校开展'岗课赛证融通'的高技能人才培养模式改革，形成了'课证融通''赛教融合''赛证课相通'等模式，取得了显著成效"。"岗""课""赛""证"四要素之间的融通是一项系统工程，除了课程本身的结构性改革之外，还需要教学管理层面的协同改革。

（一）准确理解"岗""课""赛""证"

"岗"是技术技能人才的职业归属，是技术技能人才所承担工作任务的来源，是职业教育课程的决定性因素，人才培养目标厘定、专业课程开发、实践教学实施、技术知识积累等都离不开"岗"。"课"是技术技能人才培养的载体，是技术技能人才从学生变为员工的桥梁，它是这四个要素的核心，包括课程结构、课程体系、课程标准和课程内容等亚要素。"赛"是检验学生学习成果的重要手段，是课程教学突出成果的展示，职业技能大赛的竞赛项目、竞赛内容、竞赛规程、评审标准和竞赛视频等可以转化为课程教学资源。"证"是指职业技能等级证书或职业资格证书，这里主要指职业教育 1+X 证书制度范畴中的职业技能等级证书。作为技术技能人才某种职业技能表征，它充分对接职业技能等级标准、培训内容和技能考核与职业院校的专业教学标准、课程内容和课程考试。

（二）正确阐释"融通"的深刻含义

"岗课赛证融通"的联结点和落脚点是课程，"融通"意味着在对接岗位需

求的基础上，课程应当充分地与职业技能竞赛和职业技能等级证书等衔接融通，真正实现以赛促教、以证培技、课为岗用的目标，让课程内容与评价考核更好地对接职业标准和工作过程是当前课程改革的目标之一。职业院校要根据生源的特点、岗位要求，以及职业教育特有的大赛和证书机制与标准，来深化课程改革、优化课程内容、更新教学方法，强化学生在知识技能学习过程中的主体地位，并建立成果导向的课程教学评价体系。通过"岗""赛""证"与"课"的全面融通，将新技术、新规范、新工艺和新要求融入人才培养过程，从而使技术技能人才培养主动适应产业发展新趋势和就业市场新需求。

（三）充分认识教学管理改革的迫切性

推进"岗课赛证融通"离不开职业院校教学管理改革，一方面，因为课程改革和实施"在很大程度上是一个政治过程"，仅仅靠教师个体的参与和努力是远远不够的；另一方面，"教学管理贯穿于教学工作的各个阶段，它关系到教学资源优化配置的实现、教学计划的科学安排、教学秩序稳定的维持等重要工作，是推动课程改革的关键力量"。通过教学管理改革，建立推进"岗课赛证融通"的组织、协调机制和管理制度，继而从促进各利益相关主体协同合作的层面使课程与岗位、大赛和证书形成四位一体的结构。同时，要关注教师课程改革能力和教学管理者的治理能力，这是实现"岗课赛证融通"的关键。此外，还要加强质量文化建设，通过强化职业院校办学质量的道德意识、目标意识和监控意识，优化办学条件与教学资源保障和组织管理行为，促进"岗课赛证融通"落地见效。

二、以组织机构变革统领"岗课赛证融通"机制建设

"岗课赛证融通"是以课程为中心的协同性改革，职业岗位、职业技能大赛和职业技能等级证书是职业院校课程改革的直接影响因素，通过影响课程而影响人才培养。从任务的难度看，"课程改革比教学改革复杂得多，它可能涉及课程体系的重新设置、课程标准的重新编制、教材的重新编写等问题，其中每一个环节都需要教师付出大量劳动"。从任务的主体看，"课程改革是由国家、学校和社

会间多向互动产生的，是一个系统工程，涉及众多主体和要素"。不同于一般的课程改革，"岗课赛证融通"的课程改革更加复杂，不仅需要教师付出大量劳动，还需要更多主体参与并付出大量劳动。"岗课赛证融通"的课程改革参与主体包括行业企业、大赛举办与评审机构、职业教育专家以及职业院校。在职业院校内部，参与主体包括教师、系部和学校的管理者，尤其是教学管理者。没有上述主体的深度参与和协同合作，"岗课赛证"就不可能通过课程而融通。因此，职业院校要抓住"课程"这一中心环节，深化自身与行业企业、大赛机构等各相关主体的通力合作，建立发挥各方力量、利用各方优势资源的课程改革协同机制，而首要的就是建立行政与研究机构、学校与企业、管理者与教师共同参与的课程改革组织机构与工作团队。第一，国家或地方政府应建立包括教育行政部门领导、行业企业专家、职业教育专家、一线教师等成员在内的职业教育课程改革指导委员会。该委员会作为一个职业教育课程改革的指导、咨询与研究业务的机构，负责为职业院校推进"岗课赛证融通"的课程改革提供全方位的咨询指导，包括组织职业院校在国家职业教育专业教学标准和"岗课赛证融通"理念的框架下研制专业课程标准、学业质量评价标准等，指导专业课程的实施与评价、教材的开发与管理，为行政决策和教学改进而服务。第二，职业院校从专业群组织管理角度出发，成立以专业群为单位的课程改革工作团队，该团队由学校领导、教学管理部门、专业带头人和骨干教师以及行业企业专家组成，主要职责是分析研讨职业工作岗位、职业技能大赛、职业技能证书等各方面的要求，实行课程改革的规划、实施和管理。课程改革工作团队要以专业课程改革为主线，搭建职业院校与行业企业在课程开发、教材编写、教学改革方面的合作平台，开发"岗课赛证融通"课程及其教学资源库。可根据现实需要，在该工作团队下设课程改革咨询团队、课程改革实施团队、课程改革管理团队等组织机构，充分发挥不同主体的能力和资源优势，协同推进"岗课赛证融通"背景下的职业院校课程改革。第三，要加强制度供给，构建适应"岗课赛证融通"需要的课程建设制度、教学改革与教师培训制度、职业技能竞赛管理与激励制度、职业技能等级证书培训与管理制度等，通过制度体系及治理能力建设为实现"岗课赛证融通"保驾护航。

三、以教学管理队伍建设提高"岗课赛证融通"能力

"岗课赛证融通"需要专业能力支撑，职业院校应全方位提高专业教师的课程改革胜任力、教师教学创新团队合力和教学管理队伍的专业化管理能力，从而在这些能力的实践转化中提高"岗课赛证融通"的实现程度。

（一）提高专业教师的课程改革胜任力是前提

在面向"岗课赛证融通"的课程改革中，专业教师是绝对的主力军，这也就意味着教师必须具备相当强大的课程改革能力。面对"岗课赛证融通"的新挑战，职业院校应重点关注并致力于提高专业教师的课程改革胜任力，包括技能大赛驾驭与指导能力、职业技能等级证书培训能力、课程设计与规划能力、课程分析与开发能力、课程评价与研究能力等。一方面，职业院校教学管理部门可组织开展一系列针对教师课程改革胜任力提升的专业化培训，深化教师对职业教育课程改革诸因素的理解，提高教师"岗课赛证融通"课程改革的专业化水平。在培训内容上，紧紧围绕岗位任务分析技术、课程规划与开发技术、课程组织与评价技术、课程教学标准研制、职业教育新型教材开发、职业教育课程研究方法以及1+X证书制度等方面展开，并设计阶梯递进式培训课程体系；在培训方式上，除了常规的专题讲座之外，主要采取"工作坊""研讨班""现场会"等理实交替的方式，突出理论与实践、知识与情境的高度融合；在培训管理上，将"岗课赛证融通"课改培训纳入教师继续教育和业务学习的重要模块，确保每位专业教师都参与其中，引导他们衔接培训、反思、研究和实践应用。另一方面，职业院校教学管理部门要通过制度设计鼓励和支持教师开展"岗课赛证融通"背景下的课程改革研究与实验。一是建立课程改革研究制度。设立"岗课赛证融通"专项研究课题，定期组织召开"岗课赛证融通"课程改革研讨或分享会，集中研讨课程改革中遇到的难点和痛点问题，并寻求解决问题的思路和措施。二是建立课程改革成果评价和激励制度。定期组织优秀课改方案、优秀教材（或讲义）、优秀课例、优秀课改论文和研究报告等评比，表彰和奖励在"岗课赛证融通"课改实验中取得突出业绩的个人和团队。三是建立课改成果推广与宣传制度。重视总结"岗课

赛证融通"的校本经验，及时在学校和区域内推广先进经验，在"岗课赛证融通"领域培育省级以上教学成果奖。

（二）提升教学管理人员的专业化水平是关键

在"岗课赛证融通"背景下，职业院校教学管理应当关注拓宽学校课程建设及其管理的主要内涵，扩展并深化各项教学管理内容，引导各部门相互协作创新，及时更新管理人员的培训内容，深度结合岗位、技能大赛与技能证书的要求，构建多方人员沟通以及教学资源整合的新型体制机制，并将重心落在课程质量把控上。第一，要加强教学管理人员专业化培训，提升教学管理人员面向课程与教学改革的领导意识和服务意识、从事教学管理工作的专业化意识，不断调整优化教学管理方法和手段，提升课程和教学管理工作的效率，着重发展管理人员的专项业务能力，引导管理人员将专业化能力迁移到工作的各个方面。第二，职业院校要制订教学管理人员专有的、体现教学管理规律的考评制度和激励机制，鼓励教学管理人员面向新形势、新挑战。尤为重要的是，要为教学管理人员拓展进修渠道，深化教学管理人员对职业岗位、职业技能等级认定等重要领域的认知，增进其对职业技能大赛机制与特征、职业技能等级证书考评要求与课程教学之间关系的理解，引导其在教学管理实践中审视和反思工作作风、过程与成效，提升课程与教学服务意识和水平。第三，探索教学管理部门、专业系部、专业教师之间的协同机制，清晰划分各教学管理部门与专业系部的工作职责，进一步形成"岗课赛证融通"的课程管理目标、方案和规范。总之，要推动教学管理队伍的专业化，让教学管理根据课程改革新要求、新趋势及时更新调整成为常态。

（三）加强教师教学创新团队建设是重点

要真正在课程与教学的实施层面实现"岗课赛证融通"，仅靠教师单个人是无法完成的，需要从学校层面建设以课程或课程群为单位的教学创新团队，从而提高"岗课赛证融通"课程改革的执行力。这种教学创新团队的特点是专业水平高、体现"双师结构"、凸显分工协作和突出成果创新，在团队成员共同参与、分工协作的基础上，重构面向"岗课赛证融通"的能力模块化课程体系，创新模块化教学模式。从教学管理的角度看，要采取一系列措施加强教师教学团队建设。第一，制订一系列旨在提升团队建设质量的内部制度规范，包括团队成员考核评价办法、团队成员成果奖励办法等。为保证教学创新团队建设活力与持续创新，建立团队成员动态调整制度，在保持总体队伍相对稳定的前提下，调整工作不积极、成果培育效果差的成员，积极吸纳新的成员，为提升团队的教学与科研能力提供坚实保障。第二，学校在资助经费使用上采取一定的"特区"政策，给予创新团队较大的经费使用自主权。在明确队伍建设、教学改革、科学研究投入等的使用比例后，给予较为充分的信任，通过全面的授权使团队成员在高质量完成工作的方式、进程等方面不受外界的干预，形成一种内在的控制机制。第三，通过制度规约定期召开教学团队建设研讨会和经验交流会，发挥传帮带作用，促进团队整体水平的提升，并定期组织专家指导教学团队建设，为教学团队建设提供政策及技术上的保证。

四、以质量文化建设引领"岗课赛证融通"向纵深发展

推动"岗课赛证融通"的课程改革，有必要引进质量文化的概念。质量文化的概念诞生于美国朱兰博士编著的《质量控制手册》一书中，特指"人们与质量有关的习惯、信念和行为模式，是一种思维的背景"，最初在管理领域得到使用。质量是"岗课赛证融通"的生命线，生成于有理念、有目标、有监控和有保障的教学管理之中。"岗课赛证融通"的质量文化是指在对接职业岗位、职业大赛和职业技能等级证书的课程改革过程中，教师和教学管理人员充分意识到课程质量、教学质量和学习质量的至关重要性，无条件地认同和自觉地实践质量观念、质量目标和质量监控行为等方面，并形成稳定持久的影响力和心理场。从外延看，"岗课赛证融通"的质量文化包括教师和教学管理人员秉持的课程质量理念和价值观、课程质量制度与规范，以及为提高课程质量而采取的各种行为方式，其中，课程质量理念和价值观是质量文化建设的根本。

课程是"岗课赛证融通"的要素，更是产品，必须保证其质量。教师的教

学质量与学生的学业质量都与课程紧密相连，职业院校的质量文化建设也就是一种引领课程质量提升且以课程质量为灵魂的理念、制度和行为建设。首先，职业院校质量文化建设应致力于在全体教职员工心目中树立课程质量至上的意识和理念。职业院校在课程设置、课程实施、课程建设、课程管理和课程改革等各个环节和维度都以追求质量、提高质量为第一要务。职业院校教学管理人员应将课程管理作为教学管理工作的中心任务，充分认识职业教育课程的职业性、专业性与实践性，具有面向产业需求与职业岗位的课程建设与管理意识。通过规范、严格的制度性安排且在管理上提供充分的便利，保证教师在课程开发、实施和改革过程中与行业企业的密切联系，在持续的实践和改进中增进教师对职业岗位、职业技能大赛和职业技能等级证书等的理解，为教师开展课程改革提供更多的资源和平台。职业院校教学管理人员应放宽对教师课程开发和实施过程的人为限制，将管理重心放在把控课程质量上。其次，职业院校质量文化是一种尊重需求的人文文化，树立课程质量至上的意识要重点关注课程中的教师和学生，关注教师作为课程实施主体、学生作为课程学习主体的多元化需要，尤其要关注教师、学生在课程实施和学习中遇到的难题和困境，通过及时了解师生的需要，积极主动为教师开展课程改革、学生开展课程学习提供支持性服务。再次，职业院校质量文化通常融于教学质量管理制度、方法和组织架构等要素中，因此，要通过健全质量制度、优化质量管理模式和质量评价方式以及精简质量管理组织架构，促使教师获得追求课程质量目标的体验和动力。最后，在持续推动课程改革中生成和更新质量文化是职业院校质量文化建设的核心。这就要求教师和教学管理者主动保持与产业和职业教育发展中新观点、新需求以及新态势的紧密联系。教学管理者应充分尊重教师在课程改革中的主体地位，充分发挥教师课程改革的积极性和创造力，为教师不断提高课程质量提供全方位的保障；而教师则将"岗课赛证融通"的课程改革当作新时代职业教育课程改革和全面提高教学质量的突破口，从而为推动职业教育高质量发展注入新的动能。

第三节 "1+X 证书制度"的内涵

从广义上来说,凡是有利于提升毕业生就业创业能力的证书,如全国大学生英语四六级证书和全国计算机等级证书等社会通用型证书、职业资格证书、各类职业技能等级证书等都在"X"证书的范围之内。从狭义上来说,"X"证书仅指纳入教育部、人力资源社会保障部目录管理的,由职业教育培训评价组织考核与发放的职业技能等级证书。这里的"X 证书"为教育行政部门在职责范围内负责管理监督考核的,在院校内实施的职业技能等级证书。

一、"1+X 证书制度"与双证书制度的区别

1996 年颁布的《中华人民共和国职业教育法》规定,实施职业教育应当根据实际需要,同国家制订的职业分类和职业等级标准相适应,实行学历证书、培训证书和职业资格证书制度(即"双证书制度")。职业资格证书具有强制性,尤其是与国家安全、公共安全、公民人身财产安全关系密切的岗位(工种),上岗前必须取得相应职业资格证书。职业技能等级证书是职业技能水平的凭证,反映职业活动和个人职业生涯发展需要的综合能力,是一种不同于职业资格证书的新型证书。在实施过程中,不强制学生考取职业技能等级证书,不与学生毕业挂钩,学生可自主选择证书类别、等级。

因此,"1+X 证书制度"不是"双证书制度"的翻版或简单升级。两者是职业教育发展过程中,响应不同时期社会需求和岗位要求的政策制度。

二、"1+X 证书制度"与"学分银行""国家资历框架"的关系

"学分银行"是一种模拟或借鉴银行的功能特点,使学生能够自由选择学习内容、学习时间、学习地点的管理模式,我国一些地区和部门,如广东省、上海市、国家开放大学等已开展了有关实践。"国家资历框架"是根据知识、技能和

能力（素养）的要求，将一国范围内各级各类学习成果（教育文凭、职业资格等）进行系统整理、编制、规范和认可而构建的连续性、结构化的资历体系。通过"学分银行"，可实现学历证书和职业技能等级证书体现的学习成果的认证、积累和转换。"国家资历框架"中不同资历等级的通用能力标准，通过知识、技能、能力三个核心要素来描述，与职业技能等级证书考核中的职业素养、专业理论知识和技能操作要求完全对应，因此，"1+X证书制度"是构建国家资历框架的基础性工程。由此可见，三个制度互为条件，应协调推进，共同为拓宽技术技能人才持续成长通道护航。

第四节　"1+X证书制度"的必要性

一、实施"1+X证书制度"是提高高校人才培养质量的需要

随着我国经济的快速发展，产业升级速度加快，产业结构需不断调整。在这样的时代背景下，产业对所需技术技能人才的要求越来越高，各行各业对复合型、创新型的技术技能人才的需求越来越大，这就意味着那些不能适应产业发展的专业技能人才将逐渐被淘汰。为了应对这种变革，必须提高高校的人才培养质量。这就需要高校将人才培养目标定位在培养符合时代要求的复合型技术技能人才上，培养出的人才不仅需要掌握本岗位最基本的工作技能，还必须了解岗位群中其他岗位的生产内容。"1+X证书制度"将学校学历教育和社会用人需求结合在一起，正好可以满足高校提高人才培养质量的需要。

二、实施"1+X证书制度"是深化高校人才培养培训模式和评价模式改革的重要途径

在"1+X证书制度"试点实施以前,"双证书制度"在高校被大力推崇,"双证书",即两种不同类别的证书,一种是学历文凭,另一种是职业资格证书。随着时代变化,其实施出现了一些新问题,比如证书的覆盖面不够、不能及时反映科技发展趋势和市场需求变化、培训模式证书管理存在体制机制不顺等。为了弥补"双证书制度"的不足,"1+X证书制度"应运而生。"1+X证书制度"的核心是职业技能等级证书,职业技能等级证书与"双证书"制度中的职业资格证书不同,它是指"通过职业教育与职业培训,获取某个职业的技能等级认可的证书"。换句话说,就是在这个岗位上你能达到的技术等级资格证书。而职业资格证书是指"学习者通过职业资格考试,由国家授予相应的职业资格证书,证明职业技能持有人的专业能力,以作为职务晋升和收入提高以及从事某种行业的法定注册凭证"。职业资格证书作为不同层次职业的入门门槛、组织建设门槛而存在,在行业准入等方面扮演了重要的角色。职业技能等级证书不是职业的门槛要求,而是在特定的标准之下,对不同职业形成的相对统一的职业水平证书,证明证书的持有者在证书的职业领域有特定层次的技能水平。综合来看,职业技能等级证书与职业资格证书在概念上、口径上、划分的等级层次等方面都存在差异,但将"双证书制度"和"1+X证书制度"对比,可以说"双证书制度"为"1+X证书制度"奠定了实践基础。高校通过实施"1+X证书制度",可以弥补"双证书制度"的不足,深化高校人才培养培训模式和评价模式改革。

三、实施"1+X证书制度"能拓展高校学生的就业创业本领

"1+X证书制度"将"学历证书"和"若干职业技能等级证书"进行有机衔接,旨在培养高技术技能的复合型人才。高校按这样的要求培养出的学生,在就业能力上势必有一定的优势。因为其在学校期间不仅掌握了一项技能,而且了解岗位

群中的其他岗位的生产内容，还获得了相关的职业资格认证。这不仅能增强高校学生的就业保障，也拓宽了他们的就业渠道。此外，高校的学生在学校经过了多种技能的培训，这对他们自主创业也有很大的帮助。因为学生在学校的学习过程中了解了多个技能领域，所以在自主创业时眼光不至于太狭溢，创业的选择也就不会局限于一种。

四、实施"1+X 证书制度"有利于提升高校师资队伍水平

《关于在院校实施"学历证书十若干职业技能等级证书"制度试点方案》中提到，高校要打造一个能够满足教学与培训需求的教学创新团队，团队的建设关键在于师资的培养，所以实施"1+X 证书制度"对师资队伍水平的提升具有重要意义。具体来讲，高校实施"1+X 证书制度"的目的在于培养学生的多项技能，而要达到这个目的，就需要教师给学生教授相应的知识和技能。在这个过程中，高校的教师需要不断地提高自我的知识和能力水平，只有这样才能满足实施"1+X 证书制度"的需要。因此，对教师而言，实施"1+X 证书制度"有利于其专业发展，从而带动高校师资队伍水平的提升。

曹焕亚认为要将教师的传授过程、学生的学习过程和企业的生产过程统一，依托系统化的工作过程课程、教学范式和学习评价手段，推进专业知识教育和职业技能培训融合促进，心智技能和实操技能融通成长，培养出能够适应岗位变迁、业态变化、工艺革新、技术升级、产业转型的能工巧匠。"岗课赛证"融合就是指专业群课程教学结合职业岗位工作标准、1+X 建筑工程识图职业技能等级证书标准、建筑工程识图职业技能大赛标准的要求，实现"专业课程体系与课程教学内容—岗位工作能力—职业技能等级证书能力—职业技能大赛能力"有机衔接、相互融合的教学改革，通过"岗课赛证"融合改革和一体化设计，全面提升学生的学习主动性和积极性，使学生在毕业前就可以具备真实岗位的工作能力和职业素养，稳步提升人才培养质量和就业质量。

"岗课赛证"融合要求课程体系能充分融入职业岗位要求、1+X 职业技能等

级考试内容和职业技能大赛的赛项内容，包括岗课融合、课证融合、课赛融合三方面内容。岗课融合是指根据本专业就业岗位的特点和要求，选取符合行业需求和学生职业发展的课程内容；课证融合是指将 1+X 职业技能等级证书对应专业的内容标准和考核方式融入课程教学设计和课堂教学，使学生在课程学习的同时能够接触到证书考核的内容，并在课程学习完成之后可以达到通过职业技能等级证书考试的水平。课赛融合是指细化分类职业技能大赛的竞赛内容后，合理嵌入课程中，同时以竞赛的方式、方法来驱动课堂教学，提高课程的定位，形成既有利于学生发展，又有利于学生学习职业知识的课程内容，实现知识性、技能性、职业性的协调统一。

"岗课赛证"融合能融知识学习和技能培养为一体，能将真实的职业氛围和工作环境带入教学过程中，使学生不仅学习课程知识，同时学习岗位工作能力、职业迁移能力、沟通协调能力和精益求精的工匠精神，还可以进一步深化校企合作、产教融合且提升教师教学水平和专业能力。"岗课赛证"融合有利于培养在区域经济发展中担任生产、服务一线的高素质技术技能型人才，满足国家的迫切需求。

第二章

"岗课赛证"融合改革现状及存在的问题

第一节 "1+X 证书制度"试点的现状分析

"1+X 证书制度"重点强调学历证书与技能等级证书的同步取得与发展，为职业教育带来了新的挑战。目前，"1+X 证书制度试点"的规章制度已经逐步健全，社会关注度也在不断提高，对人才培养的推进作用也在逐步凸显。

在过去的两年里，教育部等相关部门实行了统筹规划和系统部署。地方教育行政部门、职业教育培训评价组织、教育研究机构和试点院校积极参与，形成了多方联动的合作。证书制度的试点工作也在扎实推进中。在推动职业教育的"三教"改革、创新人才培养和培训模式等方面，该制度的作用逐步显现。

"1+X 证书制度"是为了促进职业教育的发展和提升，培养适应经济社会发展需求的复合型技术技能人才而设计的。这一制度的实施有助于加强产学融合，提高职业教育的质量和实效，推动经济社会的发展和进步。

一、规章制度体系逐步健全

为保障"1+X 证书制度"试点工作的规范有序开展，已逐步建立了科学完善的规章制度体系。在试点的顶层设计上，教育部、发展改革委、财政部等部门于2019 年 4 月联合印发了《关于在院校实施"学历证书 + 若干职业技能等级证书"制度试点方案》（简称《试点方案》）。该方案从国家层面确立了"1+X 证书制度"

工作的总体目标、基本原则和试点内容，且整体部署了试点范围、工作进度、保障机制以及相关参与主体的职责。

同时，人力资源社会保障部和教育部联合印发了《职业技能等级证书监督管理办法（试行）》，明确了国家职业标准、教学标准和职业技能等级标准的开发主体，提出了职业技能等级证书管理的"三同两别"原则。

在过程管理方面，发布的多个文件、通知和公示公告，如《关于推进 1+X 证书制度试点工作的指导意见》《关于做好首批 1+X 证书制度试点工作的通知》等，对证书遴选、师资培训、考核发证、监督管理和财政支持等方面提出了具体要求，以确保试点工作的科学规范和有序推进。

在标准体系方面，培训评价组织、行业企业和职业教育研究机构论证了 92 个职业技能等级证书标准，向社会发布，为试点院校将职业技能等级证书标准纳入人才培养方案提供了蓝本。同时，发布了《关于职业技能等级证书编码规则（试行）及证书参考样式的公告》。

在成本核算方面，公示了《关于在院校实施的职业技能等级证书考核成本上限设置方案的公示》，按照公益性和成本补偿原则，明确了证书考核成本的列支条目、考核的四种类型以及成本核算上限规定。

综上所述，经过相关部门的努力，"1+X 证书制度"试点工作已逐步健全规章制度体系，确保了试点工作的规范进行和有序推进。

二、协同推进机制基本建立

"1+X 证书制度"试点工作是一个涉及多个利益主体的重大系统工程，包括国家及地方教育、财政、发改、人事等部门，职业院校，培训评价组织，学生（学习者）和行业企业等。为了协同推进这项工作，需要相关利益主体方统筹规划、系统部署、明确权责，共同推动试点工作的顺利开展。

在国家层面，已建立了国务院职业教育工作部际联席会议制度，定期协调解决"1+X 证书制度"试点工作中的重大问题。教育部、财政部、发展改革委等部委进行统筹规划和系统部署，通过发布指导意见、召开专题会议等方式，指导地方行政部门、培训评价组织和试点院校在证书培训、考核与发证等方面的工作。中央财政也通过现代职业教育质量提升计划提供专项资金转移支付，对各省的试点工作予以奖补，支持纳入试点范围的培训、评价、认证等工作。教育部职业教育中心研究担当第三方组织角色，负责招募培训评价组织、论证职业技能等级证书标准、开展"1+X证书制度"的理论研究和院校培训等。此外，国家开放大学开发了1+X职业技能等级证书信息管理服务平台，实行动态报送制度，管理和监督各层面的试点工作。

在省级层面，各地教育行政部门一方面建立了试点工作指导协调机制，发布了相关文件，细化试点院校范围和条件，确保试点工作的备案和规模。另一方面，通过省级教研机构或区域职业院校牵头成立专家组织，与培训评价组织协同工作，解读标准并制订人才培养方案，实行教师培训和团队建设，选择考核站点并开展考试和发证等试点相关工作。

在实践层面，培训评价组织在"1+X证书制度"试点中发挥重要作用。它们负责严格制订培训考核标准和资源开发，选择考核站点，管理证书的考核和发放等工作，对证书的质量和声誉承担总责。试点院校建立了由主要负责人领导的工作机构，不断加大对"1+X证书制度"的理论和实践研究的投入，结合国家的"双高计划"、现代学徒制、高职扩招和职业技能提升计划等重点项目，加快制订人才培养方案，提升实验实训条件，加强教师培训和团队建设，并与培训评价组织协同完成职业技能等级证书的考核和发放工作。这样，"1+X证书制度"可以引领"三教"改革的进一步推进。

综上所述，在协同推进机制方面，国家层面通过建立联席会议制度和提供资金支持，统筹规划和指导"1+X证书制度"试点工作。省级层面建立了协调机制，并通过教研机构和职业院校牵头的专家组织开展具体工作的协同和指导。实践层面，培训评价组织和试点院校分别承担了制订标准和方案、培训和考核、发放证书等任务，并加强与相关组织的合作与配合。这些举措共同构建了协同推进机制，保证了"1+X证书制度"试点工作的顺利开展和有效推进。

三、社会关注度不断提高

"1+X 证书制度"作为新时代职业教育一项重大改革举措,既不是双证书制度的延续,也不是双证书制度的升级版。职业技能等级证书作为一种以社会化机制建设的新型证书,与国家职业资格证书的概念、口径和等级层次有本质的区别,因此,《实施方案》一出台,就引起了社会各界的高度关注。2019 年,"1+X"成为职业教育领域的热词,百度、360、搜狗三个网络平台的搜索量达 2 亿多条;通过中国知网检索,有关研究机构、职业院校科研人员和教师等"1+X 证书制度"相关研究文献 170 余篇,为试点工作提供了丰富的理论基础和宝贵的实践经验。

"1+X 证书制度"的试点领域和规模不断扩大,从首批老年服务与管理、物流管理、信息与通信技术等人才紧缺领域的 6 个职业技能等级证书,到第二批的工业机器人、电子商务、智能财税等技能领域的 10 个职业技能等级证书,共吸引了 15 家培训评价组织,1800 多所中职、高职和应用型本科学校,50 余万学生参与证书制度试点。随着第三批 63 家培训评价组织的 76 个职业技能等级证书纳入试点,基本涵盖了现代农业、先进制造业、现代服务业、战略性新兴产业等 20 个技能人才紧缺领域,参与试点的培训评价组织、院校和学生规模必将进一步扩大,行业企业、社会从业人员等对职业技能等级证书的关注度将进一步提升。

四、推动"三教"改革作用逐步彰显

"1+X 证书制度"的本质是通过"1"与"X"相互融通,将职业技能等级证书反映的新技术、新工艺、新规范、新要求融入人才培养过程,促进职业教育主动适应科技发展趋势和行业企业人才需求,深化教师、教材、教法改革,提高职业院校服务区域经济社会发展需求的能力。

在教师层面,教育部、发展改革委等四部门联合印发了《深化新时代职业教育"双师型"队伍建设改革实施方案》,根据"1+X 证书制度"、高职扩招、职业技能提升培训等职业教育面临的新任务、新要求,明确了教师培养补充、资格准入、培训发展、考核评价、待遇保障等方面的 12 条举措,遴选公布了首批 122 个国家级职业教育教师教学创新团队,实施国家"工匠之师"创新团队境外培训计划,分批次选派创新团队教师成建制出国进修,学习借鉴德国"双元制"等国际职业教育先进经验并实行本土化改造,提高教师教育教学能力、实践操作技能和国际视野。发挥创新团队的示范引领作用,带动职业院校教师分工协作,开展基于职业工作过程的模块化教学改革。

在教材层面,教育部印发《职业院校教材管理办法》,加强教材规划、编写、审核、选用等环节规范管理,职业院校教材将更加强化全流程产教融合,注重体现职业教育特色。启动"十三五"职业教育国家规划教材建设,分批遴选、建设 1 万种职业教育国家规划教材。在国家战略和经济社会发展亟须、量大面广的专业领域,开发一批教材;鼓励职业院校、培训评价组织适应"1+X 证书制度"试点工作需要,将职业技能等级标准有关内容及要求有机融入教材内容,开发一批推动书证融通、课证融通的教材;支持校企"双元"合作,开发优质教材和配套的信息化资源,加强新型活页式、工作手册式教材的开发、使用与推广。

在教法层面,教育部印发《关于职业院校专业人才培养方案制订与实施工作的指导意见》,明确了人才培养方案开发的指导思想、主要内容、制订程序、实施要求和监督指导等。"1+X 证书制度"试点启动后,各职业院校不断加快人才培养方案制订,将职业技能等级标准有关内容及要求有机融入专业课程教学,重构满足多元化需求的专业课程体系,根据"1+X 证书制度"对教学方式、教学时空和教学载体的新需求,设计案例教学、情境教学、模块化教学、智能学习等多样化的教学模式和多元开放的评价体系,在复合型技术技能人才培养培训模式和评价模式改革方面开展了积极有效的探索。

在"1+X 证书制度"的制订中,相关企业作为评价组织机构也深入参与其中,使人才培养更加符合生产和岗位实际,真正满足行业需求,也能够真正将企业岗位元素融入课程体系中,突破了原来单一由院校制订课程体系带来的局限性和片面性,避免理论和实际脱节,为学生的发展提供有力助力;从产教融合、校企合作层面看,通过职业教育需求与职业岗位需求结合、学校与企业协同育人,极大地推进专业建设、课程建设和人才培养。从整体来看,"1+X 证书制度"正在迅速推进，高职院校积极主动承担"1+X 证书"试点的工作，学生也有了可以自主选择的职业技能等级证书，可以根据自己的实际情况选择适合的职业技能等级证书种类与级别，大大提升了学生自主学习的积极性；"1+X 证书制度"的积极推进，一方面响应了国家的号召，另一方面也全面提高了学生的综合能力和实践能力。

第二节　典型院校"岗课赛证"融合的做法

苏州建设交通高等职业技术学校工程造价专业形成了"一会 + 两校 +N 企"的协同育人模式，构建了"两线三维四向"专业群课程体系，培育了一支结构合理的专兼职教师队伍。校企双方基于岗位工作需要，对接"X"证书的技能标准，共同研发"现代学徒制"项目的人才需求标准、人才培养标准和课程教学标准，且以学生通过考核获取相应的 X 证书作为职业技能考核指标。在深入调研行业需求标准的基础上，明确了工程造价专业群面向的职业岗位需要的知识、能力和素质。对接产业需求，根据核心能力和就业岗位需要，构建围绕"立德树人、匠心传承"两条主线，从"认知能力培养、专业能力培养、职业能力培养"三个维度，构建面向"二级造价工程师、BIM 建模师、工程监理员、建筑施工员"四个岗位方向的工程造价专业群项目的课程体系。在专业能力培养维度和职业能力培养维度，从四个岗位能力需求出发，对接职业技能等级证书的技能点分类融入相应的课程内容之中，形成"课证融通"模式。对相应的核心专业课程，如"BIM建模""建筑工程计量与计价"等，结合岗位工作需要和职业技能等级技能点要求，按照项目课程的开发理念，校企专家分析职业能力点，按照任务化开发相应的活页式教材。

深圳职业技术学院在"课证融通"人才培养模式中，学校专业课程与企业认证（证书）对接，在教学过程中融入企业培训认证体系，学生在知行合一中习得真功夫，在学校学习的知识、技能与企业岗位需求无缝对接口。深圳职业技术学院与华为技术有限公司联合培养信息通信技术技能人才"课证融通"模式，在信息通信类专业推进以企业能力为导向,探索实践了"课证融通"人才培养模式改革。重构课程体系,实现专业课程与企业认证共生共长。为实现学校专业课程与华为认证的有机融合,深圳职业技术学院攻关小组深入研究,解构、重构华为证书的知识、技能体系,将其知识、技能需求转化为学生的素养、能力要求,着力推进课程改革,促进人才培养方案与华为认证体系互嵌共生、互动共长。课程体系紧密对标华为认证技能模块,新增了多门华为认证课程,替换了大量电路类课程,专业基础课和专业课的学时数大幅"瘦身",新的课程体系突出专业特色,更契合产业需求。开展分段、分层教学,实现人才培养与企业需求精准对接。学校通过分段教学,在提前1~2年从企业获知行业用人需求变化的基础上,将专业课程分为公共基础课、专业基础课和认证课三个阶段。学生在大一学习公共基础课和专业基础课,大三时再根据行业用人需求的预判和学生的兴趣爱好,将培养方向分为传输、数通、云计算等类别,由学生自愿选择,学校因材施教。为满足不同学生的学习要求,学校还通过分层教学,要求所有学生考取华为初级认证证书,鼓励有志趣的学生考取华为中级、高级认证证书,实行进阶式培养、个性化学习。

金华职业技术学院在"赛教融合"人才培养模式中,系统衔接学校人才培养与技能大赛,将大赛项目融入人才培养方案、大赛内容融入课程教学内容、大赛评价融入课程评价等,以大赛为引领,提升人才培养质量。电气自动化技术专业将大赛项目进行教学化改造,将单独的知识点和技能点设计成课程项目,将综合运用设计成学期项目,在人才培养方案的大二、大三阶段增设以"课程+学期"项目为特色的创新综合实践、技能大赛及X证书类拓展课程,打破了常规的课程安排。这类拓展类课程采用导师指导、项目实施的形式开展。为解决大赛受益学生面窄的缺点,学校将大赛资源实行碎片化、项目化改造,并建设了基于大赛项目和X证书项目的网络学习课程和可实施理实一体教学的若干项目。该专业还以大赛平台和X考证平台为基础,围绕赛项项目和考证任务,编写了理实一体的校本教材、课程标准、评价标准等教学文件。教师把指导竞赛中了解、应用的行业标准、规范融入日常教学和训练,使技能教学标准化、规范化,将职业道德、职业素养等基本要求融入评价体系，增加了经济性、安全性等指标，体现对学生素质、知识能力的综合评价要求，改变了教学评价中主观分占比大的弊端。

第三节　"岗课赛证"融合存在的问题

目前国内许多学者研究了岗课赛证融合模式，研究成果主要覆盖四个方面：一是关于岗课赛证融合和人才培养模式内涵的研究，大多数研究者认为岗课赛证融合的人才模式是一种兼顾岗课融合、课证融合、课赛融合的较为先进和能够满足行业需求，提升人才培养质量的人才培养模式；二是研究了岗课赛证人才培养模式改革方式，改革方式包括分别从岗课融合、课证融合、课赛融合开展，能够切实反应岗位的职业需求，促进人才培养质量的提升；三是研究了开展岗课赛证人才培养模式改革的意义，大部分研究者认为这一培养模式对人才培养质量的提高起到极大的推动作用；四是研究及实践了基于"岗课赛证"的课程改革方式，分别从对接"岗课赛证"的课程体系、课程内容、课程授课模式等从不同视角提出了相应的策略。

基于目前的研究成果，研究者大部分都赞同岗课赛证融合这一改革方式。目前"岗课赛证"融合的理念已经广泛应用于高职院校专业建设中，部分院校深入企业调研，结合岗位需求将职业技能等级证书和职业技能竞赛的内容融入课程内容之中，强化课程建设，优化实践教学条件，提升师资队伍水平；部分院校还积极建设"校中厂"，突出企业在专业教学中的作用。部分院校将职业技能等级证书考试内容和职业技能竞赛内容融入课程课程考核，检验教学质量。

目前，结合专业群建设探索"岗课赛证"融合的研究还很少。具体到土建类专业群而言，土建类专业群对接区域特色产业链，按照不同的组群逻辑，各专业群涵盖的专业数量和名称都不尽相同。刘镇根据建筑业转型升级目标将高职土建类专业群定位四个方向，即全过程咨询服务专业群、智慧建造一体化专业群、建筑节能与绿色建筑专业群和装配式建筑专业群。虽然专业群的构成不同，建筑工程识图作为土建类专业群可以共享的能力模块，应有共性和可遵循的规律。姚亚锋根据南通职业大学建筑工程技术专业群建设情况，分析了建筑工程技术专业群"平台＋模块＋方向"的课程体系，在平台课程中开设了《建筑制图与CAD》《房屋建筑构造》等相关识图课程，模块课程中只在如工程造价、建筑工程技术等部分专业开设了结构识图的相关课程。肖琼霞通过参加中望公司举办的建筑工程识图职业技能等级证书培训班，在院校交流中发现各院校开设的建筑工程识图类课程在书证融通方面存在知识不全、深度不够、差异较大等问题。牛江瑞将"1+X"证书内容以模块的形式融入整个培养过程，以专业群为单位对课程体系开展"平台＋模块"的整体化改革，即通识课程平台、职业通课程平台2个基础平台和职业方向课程模块、职业能力拓展课程模块和职业技能等级证书课程模块3个特色模块，实现"1+X证书制度"的落地。通过上述分析得出三个结论。

（1）大部分专业群都是在基层共享中开设了建筑工程识图类课程，在中层分设、拓展互选层面并没有开设相关课程，造成识图能力的提升存在困难；

（2）专业群开设建筑工程识图类课程往往忽视了对接"1+X"证书的多专业，专业群识图课程体系如何融入建筑设计类、土建施工（结构）、建筑水暖和建筑电气等四个不同的方向；

（3）建筑工程识图"岗课赛证"融合一体化设计不够，导致学生学习积极性不高，学生考取"1+X"证书的通过率、职业技能大赛的成绩也达不到预期目标。

第四节　"岗课赛证"融合改革的设计与实施路径

一、"岗课赛证"融合改革模型设计

如图2-1所示，"岗课赛证"融合改革模型设计包括三个方面。专业群在开展"岗课赛证"融合改革时，首先要深入调研行业企业的岗位需求，明确本专业群的培养目标，梳理出本专业群培养学生的就业岗位与岗位的核心技能，在一系列的职业技能等级证书中选择与岗位的核心技能力相关的一个或多个。

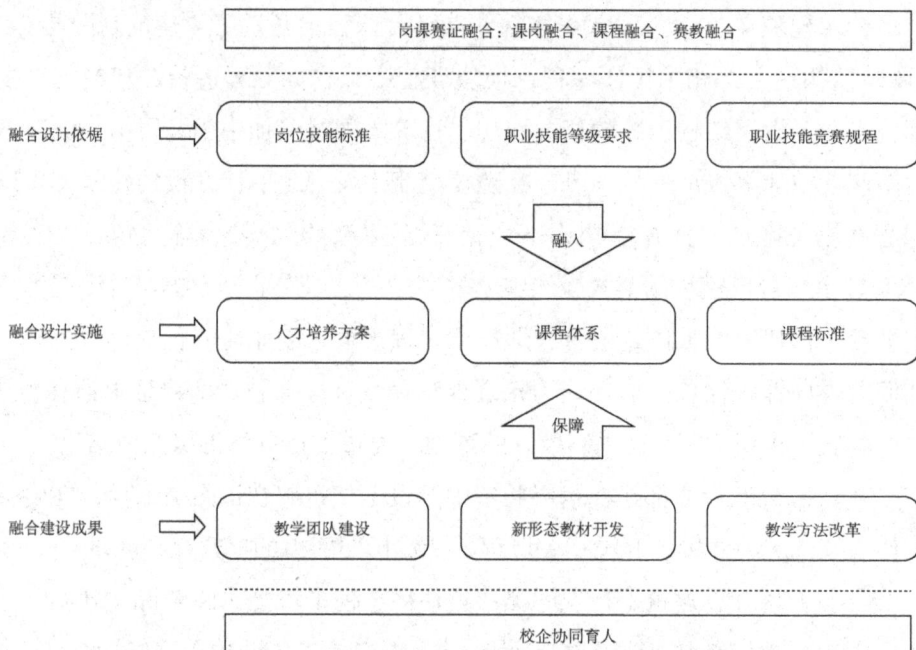

图 2-1 "岗课赛证"融合改革模型设计图示

根据岗位的核心技能与职业技能等级标准，明确本专业群需要的的知识、能力和素质，对职业技能标准与职业技能竞赛大纲的知识和技能进行分解、重构，从"基层共享、中层分设、顶层互选"三个维度设计课程体系，以便于分段、分层开展教学。将职业技能等级证书的技能点和职业技能竞赛的考核点分类融入相应的课程内容之中，将职业技能等级证书和职业技能竞赛的考核方式融入课程评价，形成课程标准。

以职业技能竞赛平台和 X 考证平台为基础，围绕竞赛项目和考证任务，编写新形态活页式校本教材。在突出课证融通的基础上建设教师教学创新团队，通过团队分工协作设置课堂教学组、技术服务组、证书培训组和大赛指导组，进而实现"岗课赛证"融合，形成团队协作的模块化教学模式。教师把竞赛指导中应用的行业标准、规范融入日常的教学和训练中，使技能教学标准化、规范化，碎片化、项目化改造职业技能竞赛资源，建设基于职业技能竞赛项目和 X 证书项目的在线课程和可实施理实一体教学的若干项目，满足不同学生的学习要求。

二、"岗课赛证"融合改革的实施路径分析

其一，制订"岗课赛证"融合的人才培养方案。通过广泛的企业调研，深入研究"1+X"证书制度标准、职业技能大赛赛项内容，对学生需要掌握的知识和技能分门别类，转化为学生的素养、能力要求，促进人才培养方案与职业技能等级标准、职业技能大赛要求互嵌共生、互动共长。对标不同的职业技能等级标准，制订"基层共享、中层分设、顶层互选"模块化的课程体系，通过大学一年级的基层共享课模块实现职业技能等级初级认证，通过大学二年级的中层分设模块课实现职业技能等级中级认证，通过大学三年级的顶层互选模块课实现多个职业技能等级中级认证或高级认证。通过"岗课赛证"融合的人才培养方案制订，开展分段、分层教学，满足不同学生的学习要求，因材施教。

其二，开展"岗课赛证"融合的教学改革。在课程开发过程中，以岗课融合、课证融合、课赛融合为原则，根据岗位技能要求、"1+X"证书考核要求、职业技能大赛竞赛内容重构课程内容，制订符合职业需求的课程标准。课程内容兼顾专业知识和岗位技能要求、职业技能竞赛要求，将职业技能大赛的资源进行碎片化、项目化改造，建设基于职业技能竞赛项目和 X 证书项目的在线开放课程和可实施理实一体教学的若干项目。将职业技能竞赛中了解、应用的行业标准、规范融入日常教学和训练，使技能教学标准化、规范化，将职业道德、职业素养等基本要求融入课程评价体系，将职业技能竞赛成绩和 X 证书认证结果纳入课程考核结果的认定，体现对学生素质、知识能力的综合评价要求，实现课程多元化的考核方式。

其三，打造"岗课赛证"融合的校企专兼职教师团队。在突出课证融通的基础上建设教师教学创新团队，通过团队分工协作设置课堂教学组、技术服务组、证书培训组和大赛指导组，进而实现"岗课赛证"融合，形成团队协作的模块化教学模式。团队负责人设置校内和企业双负责人，校内负责人由专业领军人才担任、企业负责人由行业领军人才担任，负责人统筹安排教学创新团队的教师

与企业人员的队伍建设，顶层设计教学、研究和实践平台，搭建并指导校内技术服务工作室运行，完善教学创新团队建设的管理制度保障、多元投入保障、项目实施保障和发展规划保障。课堂教学组由专业负责人引领，由教学名师（新秀）、骨干教师、双师型教师等组成，遵循人人成才、多样成才、学生中心、产教融合等理念，创设适合不同类型学生的教育模式，让学生在前期的自身基础上获得专业技能、职业素养等方面最大可能的发展。深化教师、教材、教法"三教"改革，开发活页式教材，建设在线开放课程，开展课堂教学改革和革命，打造职业教育"课堂革命"的典型案例。技术服务组由行业技能大师引领，以培养产业导师、技能名师（新秀）、双师型教师为主，通过校企协同开展双师型师资培养，校企共建"双师型"教师培养培训基地和教师企业实践基地，在企业建立示范性教师企业实践流动站、在校内建立技能大师工作室，推动企业工程技术人员、能工巧匠和职业院校教师的双向流动，技术服务组依托校内项目工作室，开展真实项目技术服务和众创空间活动。证书培训组由教学名师引领，根据专业群建设和发展的需求，在"1"学历课程标准的制订中，紧紧围绕"X"证书的考评标准，将其融入"1"学历专业课程标准中，实现课程教学内容和"X"证书的考评内容有机衔接。教师和企业技术专家共同组成"X"证书研究团队，共同开展"X"证书培训资源和产品的研发活动，开展面向社会人员和企业员工的职业技能培训，对培训考核合格人员发放"X"证书和培训证书。大赛指导组由技能名师引领，搭建校赛、省赛、国赛三级竞赛平台，专业群各专业紧紧对接省赛和国赛项目，合理设计各专业校级技能竞赛项目和每学期核心技能考核项目。依据省赛和国赛标准改革教学设计、教学方法和考核方式，进一步实现知识与技能的有效转化，融理论知识、技能训练和综合素质于一体，重视学生的实践能力、创新能力和工匠精神的培养，通过大赛选拔优秀人才，且把竞赛选手培养成复合型工匠人才。

第三章

专业群与"X"群的书证融通与人才培养方案优化

第一节 专业群建设现状

近年来，高职教育面临两个大变化。第一个变化是，产业、行业、企业受疫情和日益严峻的外部环境影响，长期存在的人力资源结构性矛盾越发凸显，就业形势严峻。第二个变化是，自 2019 年 1 月以来，国务院陆续出台《国家职业教育改革实施方案》（"二十条"）等多个文件，开展了"大规模扩招"。高职教育在国家战略层面发生了重大的变化，传递出一系列重要的信号。"双高"项目启动，"专业群"概念提出，对高职教育的内涵建设形成了新的要求、机遇和挑战，在某种意义上正引发高职教育的一场革命。应对新的形势，我们需要付出更大的努力，尽快适应这些变化，不忘初心，保持定力，做好自己的事情。

"专业群"是在我国经济发展方式转变、产业转型升级加快、市场化就业机制逐步形成、职业院校专业建设由"规模发展"到"内涵建设"的背景下出现的时代产物。2019 年 8 月 1 日，广西壮族自治区人民政府印发《广西职业教育改革实施方案》。袁洪志先生提出（2007 年），专业群是由一个或多个办学实力强、就业率高的重点建设专业作为核心专业，若干个工作对象相同、技术领域相近或专业学科基础相近的相关专业组成的一个集合。

曹印革、郭全洲先生提出（2009 年），专业群是建立在"一个公共技术平台，多个专业方向"基础上的，具有共同的专业技术基础和基本技术能力（技能）要求，且能涵盖某一技术或服务领域的若干个专业（方向）的一个集合。

赵昕先生提出（2011年），专业群是选择各院校的重点专业或优势专业作为核心或龙头专业，由两个或两个以上跨二级类的专业，通过核心专业的带动和专业之间的依赖、促进，形成合力，以提高整个专业的教学水平，提高学生的职业能力和高等职业院校服务经济社会的能力为目的而组成的专业集合。

一、高水平专业群的建设应包含的三个维度

（一）对接产业链和岗位群

这是专业群设置的基本依据，脱离产业链和岗位群的专业群终将成为无本之木，既没有存在土壤，也没有存在价值。

（二）具备主次性

任何专业群，其内部都必须有1~2个核心或骨干专业，以引领和凝聚其他相关专业的建设与发展。

（三）相关专业选择

相关专业选择是专业群设置无法回避的现实问题，如：

（1）从基本技能培训与实训资源共享角度选择；

（2）从基础教学以及师资共享角度选择；

（3）从毕业生就业迁移能力，专业与产业适应性、社会服务能力角度选择。

二、高水平专业群的建设应具备的条件

一定的专业特色，一定的专业数量，共同的专业基础，共同的职业领域。专业群可以通过不同角度划分为不同的类型，从专业结构角度可分为4个类型：单核心型、双核心型、协同发展型、骨干辐射型。

三、高水平专业群的特点

专业群内涵丰富，特色鲜明，归纳而言主要有四大特点。

（一）集聚性

专业群是具有共同的专业技术基础和基本技术能力（技能）要求，并能覆盖相关职业领域的专业集合体。专业群一般集中在一个校区或某个校区的特定空间，具有空间位置上的集中性，凡有影响力的专业群都能形成以知名品牌专业为代表、相关专业集聚在一起的"专业园区"。专业群的集聚性有利于夯实专业基础，发挥专业规模的聚合效应。

（二）专业性

专业群内单个专业都有自己明确的针对某个产业领域职业群和岗位链、更加专业化的技术领域，有与这些职业群和岗位链相对接的课程支持，形成更加专业化的特征。专业群的这种专业性特征使得群内个体之间融通共生，有利于形成品牌优势和品牌效应。

（三）融合性

专业群是一个利益共同体，群内通过德育活动、教学活动和有效管理形成紧密的关系网络。网络中的各主体之间频繁交流互动，学习合作，协和共进，为实现优势互补、资源共享创造了条件。专业群的最高境界是专业的融合、课程的融合、师资的整合、资源的融合、校企合作的融合、教学基地的融合。这些元素的整合程度越高，专业群产生的效率就会越明显。

（四）创新性

专业群容易形成"相互了解与信任"的竞争与合作气氛，这种气氛有力地推动了各个集群的创新，并能促进这种"创新"在相互之间的模仿、消化与扩散，衍生专业效应，从而为专业群的可持续发展提供强大动力。

四、高水平专业群建设的行动方略

（一）强化理论研究，瞄准研究前沿

提高站位，树立打造区域一流专业群目标，深挖专业群改革与发展的瓶颈问题，进一步明确专业发展研究基地的性质、目标和内容加强理论研究，跟踪学习国内外专业改革与发展的最新动态，学习借鉴先进经验，加强职业教育理论的学习，组织开展职业教育相关培训，以提升群内教师科研与教学能力，创新体制机制和手段措施，总结凝练自身经验做法，形成一批可推广可借鉴的实践成果和理论成果，辐射带动区域内同领域的专业改革与发展。

（二）创新组织机制

1.创新简练有效的专业群组织架构

组织架构是指一个组织整体的结构，是组织的流程运转、部门设置及职能规划等最基本的结构依据，组织架构的本质是为了实现组织战略目标而开展的分工与协作的安排。

2.创新科学集成的专业群组织机构

实施好、组织好专业群建设的目标与任务，需要建立和创新集成高效的组织机构，采取科学的管理组织形式，统筹整合好人、财、物等资源，发挥集约效应，形成集群优势。

（三）创新专业群的课程组织形态

课程是专业群内部组织的基础，专业群的成长需要建立以课程组织为基础的专业群组织机构，并以相应机制来保障其有效运行。

其一，专业群的课程教学团队机制。专业群内相关专业承担相同或相近课程教学任务的教师组成课程教学团队，教学团队的教师不仅要关注自己所在的专业，还要关注集群内所有专业的人才培养方案、培养目标、毕业要求、课程体系和考核评价。

其二，专业群的课程群机制。从相近专业资源集聚到人才培养模式改革，课程群是最终体现集群内专业之间相互关联最为密切的组织。课程群负责人即"群主"是课程群建设的核心，需要通过课程群建设支持引领专业群发展方向、协调专业（方向）设置及课程资源、组织课程群研讨等工作任务。

第二节　专业群的内涵解析

一、专业群的内涵要义

（一）服务国家和区域经济

专业群服务于国家重点产业和所在区域的支柱产业，且应成长为区域产业发展的必不可少的人才培养支撑构成部分。专业群服务的子产业从国家层面上应从现代农业、先进制造业、现代物流业、战略新兴产业中选择；从服务的区域层面上应从当地省、市的重点发展产业选择，可以从区域的国民经济发展规划、产业发展规划计划中找到依据。

（二）面向产业的高端业态

专业群重点面向产业的高端业态培养人才，应以产教融合的态势将产业高端业态融入人才培养的环节之中。这就需要凝练出面向国家重点产业和所在区域支柱产业的高端业态，归结出高端业态的职业岗位群以及这些岗位所需要掌握的知识、技术技能，再转化为产教融合可以实施的项目和课程包。

（三）与普通专业群有明显区别

专业群内专业有着共同的人才培养定位，区别于普通的专业群：第一，针对产业的高端业态，有准确的高端职业人才的培养定位；第二，培养的是群内跨专业领域的复合型人才；第三，学习的专业知识、技术技能体现产业先进特性，要么技术前沿，要么职业能力处于中高级区间。针对人才培养定位，群内专业应开发出共享开放的课程体系，应有群共享专业课程、群通识专业技术技能课程、群校企共同体实战课程等。

这些课程应大量采用大数据、人工智能教学应用场景。

（四）群内专业紧密耦合

专业群的群内专业紧密耦合，有着 5 种可推导的逻辑关系（见图 3-1）。

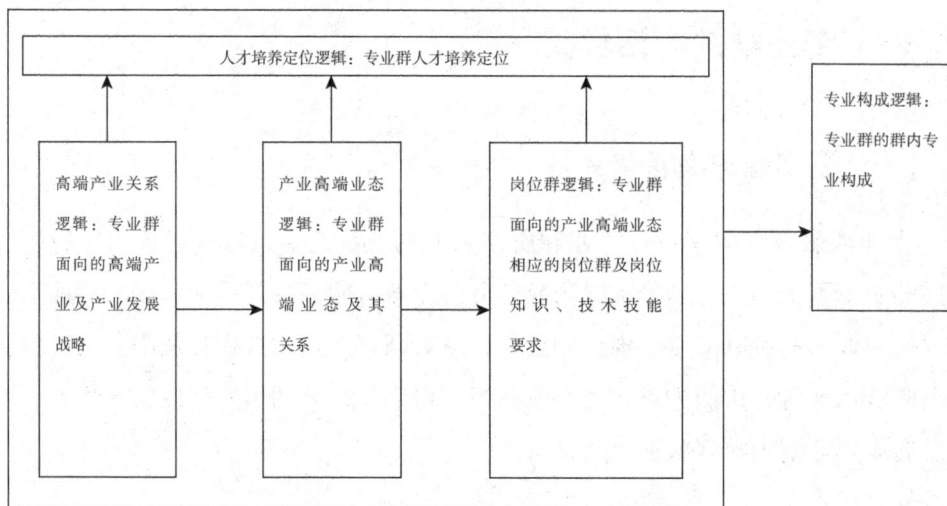

图 3-1 专业群的组群逻辑中的 5 种逻辑

由高端产业关系逻辑可分析出产业高端业态逻辑，再导出岗位群逻辑。高端产业关系逻辑、产业高端业态逻辑、岗位群逻辑共同可推导出专业群的人才培养定位逻辑。由上述 5 种逻辑再结合学校的办学特色、已有专业，可进一步得出专业群的专业构成逻辑。

（五）立足学校实际，创新高水平专业群建设路径

中国特色高水平高职学校和专业建设计划（"双高计划"）提出，"聚焦高端产业和产业高端，重点支持一批优质高职学校和专业群率先发展"。高水平专业群是高水平高职学校建设的关键所在，与学校改革发展定位密切相关，关系到人才培养与社会服务的方向性和有效性。如何立足学校实际，创新高水平专业群建设路径，是"双高计划"亟待解决的一个重大课题。专业群建设应突出"高"特征，专业群是高职专业建设的"升级版"，外部对接产业链或岗位群需求，内部促进专业协作、资源共享。高水平专业群面向高端产业和产业高端，构建高水平技术技能人才培养体系，打造技术技能创新服务平台，是高水平高职学校办学特色、办学水平和办学效益的集中体现。

对接产业吻合度高。产业发展是专业群建设的外驱力，是专业群组建的逻辑起点。衡量一个专业群水平高低，首先要看其是否精准对接产业需求，动态调整、实时优化，实现与产业发展协调互动。高水平专业群紧贴区域产业结构调整规划，围绕区域经济发展战略规划的支柱产业和新兴产业，聚焦服务面向，优化资源配置，动态调整专业组成、专业结构和专业内涵，推动教育链、人才链和产业链、创新链有机衔接，有效服务企业技术研发和产品升级，为增强产业核心竞争力提供有力支撑。

资源整合共享度高。资源整合是专业群建设的内驱力，是优于传统单体专业建设的直接体现。离散的单体专业建设模式，一个明显弊端就是办学资源割裂，造成单体资源不足与整体资源浪费并存。高水平专业群充分发挥集群效应，有机整合课程资源、教师资源与实训资源，实现资源整合和共享效益最大化，使原本"小"而"散"的单体专业相互支撑，形成人才培养合力。

人才培养产出度高。人才培养是专业群建设的根本任务，是评价专业群成效的根本标准。"群"是专业建设的手段，而不是目的，根本在于实现更高水平的人才培养。高水平专业群是我国高职专业建设和人才培养的最新成果和最高水平，培养一批又一批大国工匠和能工巧匠，形成具有国际竞争力的人才培养高地，为中国产业走向全球产业中高端提供高素质技术技能人才支撑；同时，探索

形成一系列的理念、标准、模式、资源、课程、教材，为全国高职人才培养提供指引和借鉴，带动提升高职教育的学生满意度、服务贡献度和社会美誉度。

专业群建设并不是简单地把几个专业"物理组合"，而是在群的统领下，实现专业之间的"化学融合"，促使资源配备和教学组织的系统优化乃至重构。

（六）搭建融合化的产教协同平台

当前，我国由高速增长转向高质量发展阶段，着力建设现代化经济体系。面对快速变化的外部产业环境，专业群应发挥集群优势，实现与产业发展的深度融合。

一是产教协同。服务区域产业转型升级，深化与产业园区、行业协会、企业的合作，建设集科技开发与咨询、技术推广与服务、人才培养等功能为一体的产教融合育人平台，推进实体化运作的职业教育集团化办学，与地方"走出去"企业深度合作，利用集群优势开展国际职业教育服务。

二是教研互促。强化应用导向，围绕生产生活中的实际问题，打造跨专业的师生技术服务团队，推动中小企业的技术研发和产品升级，提升服务行业企业社会的技术附加值，成为区域性技术技能积累中心；构建科研反哺教学机制，把科研项目成果转化为课堂教学案例，实现教学内容与技术进步同步更新，在技术研发中提升师生实践能力和创新能力。

三是育训结合。对接行业企业需求，大力开展高技能人才培训，积极开展职工继续教育，服务企业员工职业生涯成长，成为行业企业重要的继续教育基地。

（七）创新柔性化的组织管理模式

专业群突破传统专业建设的刚性模式，促进资源整合共享，发挥"1+1>2"的集聚效益。

一是建设结构化团队。改变传统专业教研室组织方式，打破专业限制，根据不同的职业岗位面向，组建结构化教师团队，更好地贴近市场发展和技术变化前沿；打造高水平专兼结合的教学团队，校企联合建设一批名师工作室和大师工作室。

二是建设模块化课程。探索柔性、可拓展、面向岗位群的课程建设新模式，按照"平台＋模块＋方向"思路，系统重构课程体系。平台课程相对稳定，整合群内共同必需的知识、技能和素质，帮助学生构建职业整体认知；模块课程对接职业标准，按不同职业方向分流培养，帮助学生形成岗位核心能力；方向课程机动灵活，跟随市场需求和技术进步不断调整，使课程体系实时保持与产业界的信息交流、资源共享。

三是建立开放型培养模式。积极应对求学群体多元化、学习基础差异化、学习场景多样化的实际情况，实行弹性学制和学分制，赋予学生群内专业选择权、课程选择权、教师选择权，自主选择学习路径和进度，激发学习动力，满足其多途径成长的需求。

（八）完善动态化的持续发展机制

专业群建设不是一成不变的静态结果，而是伴随产业发展持续优化升级的动态过程，要健全对接产业、动态调整、自我完善的专业群建设发展机制。

一是动态调整专业构成。适应产业发展需要，在通用共享的群基础平台之上，灵活调整专业组成和专业方向，拓展相近或新兴专业，通过原有专业的衍生开发、滚动发展，在专业群主体面向保持稳定的同时，增强外部适应性，使专业群富有旺盛活力，生命周期远远长于单体专业。

二是动态升级专业内涵。密切跟踪新技术、新模式、新业态，对接未来产业变革和技术进步趋势，调整人才培养定位，更新教学内容，将新技术、新工艺、新规范等产业先进元素纳入教学标准和教学内容，确保培养目标适应岗位要求、教学内容体现主流技术，人才培养体系与时俱进。

三是动态优化评价机制。以教学诊断与改进为基本制度，以学习者的职业道德、技术技能水平和就业质量，以及产教融合、校企合作水平为核心，内部质量保证与行业、企业等外部质量评价有机结合，实现评价主体多元化、评价内容动态化，持续推动高水平专业群高质量发展。

教育部、财政部《关于实施中国特色高水平高职学校和专业建设计划的意见》提出，"集中力量建设一批引领改革、支撑发展、中国特色、世界水平的高职学校和专业群"。这明确了高水平专业群的建设内涵，"引领改革"是基本定位，"支撑发展"是效益要求，"中国特色"是根本属性，"世界水平"是质量标准，这四个方面有机结合、相互支撑，指引高水平专业群的建设方向。

（九）引领改革：适应产业需求

随着产业转型升级，生产技术和组织模式快速变化，生产过程去分工化、人才结构去分层化、技能操作高端化、生产方式研究化、服务与生产一体化特征越来越明显。高水平专业群要主动适应这一变化，引领高职专业建设和人才培养模式改革，人才培养定位由简单重复的装配者、操作者向更高层次的智能生产系统的规划者、应用者、改造者、调试者、决策者转变；能力培养由单项应用，向系统集成的"交叉""复合""多项"联动转变；服务重点由"单人单岗"，向"技术＋人才"打包供给转变。

重构专业群结构体系。一是结构重构。专业群与产业高度匹配，是改革的内驱力与逻辑起点。服务面向是决定建设水平的关键，一个专业群试图对应一条完整的产业链、解决产业链上的所有问题，是不科学、不现实的。专业群的结构重构，重点在于准确判断产业发展趋势，聚焦产业链的关键节点，明确对应的岗位集群，明晰专业群与岗位群的映射关系，优化专业建设重点和质量要点。二是体系重构。面对高职百万扩招带来的生源变化，专业群承担着在校生和社会人员的学历教育与职业培训，教材体系、课程体系、实践教学体系均需重构，按照育训结合、长短结合、内外结合的要求，开展高质量职业培训。

优化专业群治理体系。一是校企双带头人负责与多元主体参与的统一。创新专业群治理机制，保证政府、行业、企业人员能够深度参与，探索建立独立法人的专业群指导委员会或职教集团。二是技术管理与文化管理的统一。技术管理主要包括结构化教师团队的重组、实训基地与实验室的精益化管理等，进而让管理制度升华为文化，形成共享开放的建设文化、精益过程的管理文化、标准化特征的职业文化。三是人才培养和社会服务的统一。校企合作成立产业技术研究院等技术技能平台，形成大规模定制化生产和订单化育人的智慧服务平台。

（十）支撑发展：担当时代使命

时代发展要求高职教育服务国家战略、融入区域发展、促进产业升级，为建设教育强国、人才强国作出重要贡献。产业发展要求高职教育促进创新成果与核心技术产业化，服务中小微企业的技术研发和产品升级。这都要求专业群发挥资源集聚效益，提升技术技能人才供给和技术创新服务水平。

面向产业链，以团组融合方式供给技术技能人才。团组融合是根据项目技术模块重组教师团队，让教师、企业人员和学生形成项目团组，共同开展项目教学和生产实践，以培养产业急需技术交叉应用的复合型技术技能人才。一是团组融合的人才培养定位。通过对智能制造典型产线（产业链）的整体认知，培养既熟悉各个相关岗位，又了解整条产线的团组融合型人才，适应未来智能制造产线的改造调试应用。二是团组融合的人才培养路径。专业群根据智能制造项目的技术模块开设基础平台课程和产线综合课程，通过现代学徒制的实施，为企业量身定制个性化人才培养方案。三是团组融合的人才培养方式。师生共同参与企业真实项目开发，在项目开发中提高技术技能，既为企业提供分岗位和产线集成的项目人才，又为中小微企业的技术研发和产品升级提供人才团组的打包服务。

聚焦技术链，以平台方式提供整体方案服务。一是服务的核心功能要准，每个专业群在产业链中的定位应当是聚焦，而不是无限扩散的。例如，一个专业群不可能服务于智能制造全产业链，可如围绕产品生产全生命周期，服务于智能车间各智能单元和智能总产线的应用，其核心技术、人才培养目标和专业群服务定位，就相对精准。二是聚焦核心技术，搭建专门化平台，提供整体解决方案。建设专门化技术技能平台，请进科研院所、先进企业的名家大师，将技术研发和产品升级的成果转化出去，为中小微企业提供整体解决方案。三是围绕核心技术集聚资源，服务企业和社会。根据技术模块，校企共同组建结构化教师团队，将企业案例转换为教学资源，共同开展人才培养和技术研发，纳入"1+X"制度试点，开展学习成果的认定、积累和转换，向退役军人等群体开放教育资源，满足社会和企业的多样化需求。

（十一）中国特色：坚定政治方向

习近平总书记在全国教育大会上强调，坚持中国特色社会主义教育发展道路，培养德智体美劳全面发展的社会主义建设者和接班人。高水平专业群建设，要扎根中国大地、回应中国需求、彰显中国特色。

落实立德树人的根本任务，健全德技并修、工学结合的育人机制，推进职业技能和职业精神培养高度融合，把育人和育才相统一。一是人才培养目标强化"接班人"素质，明确社会主义核心价值观、严谨专注、敬业专业、精益求精和追求卓越的品质要求。二是人才培养方案强化"德技并修"，增加思想政治、劳动教育和实践育人的学时学分，强化劳动育人和工匠精神，以劳树德、以劳增智、以劳强体、以劳育美。三是专业课程教学落实课程思政，在课程目标、课程标准、学时分配、教学评价等环节，强化社会主义核心价值观和中华优秀传统文化的育人效果，实现课程思政与思政课程同向同行，形成育人合力。四是资源建设强调"环境育人"，教师是"双语"教师，既懂业务，又精思政；教室是"双语"教室，将家国情怀融于教学场所。

（十二）世界水平：打造国际品牌

中国高职教育要达到世界水平，高水平专业群就必须先成为国际品牌，成为国际事务的参与者、国际标准的建设者、国际资源的提供者和中国企业国际化的协同者。

师生登上国际舞台，彰显国际影响力。一是专业群积极参与国际事务。通过与"走出去"企业合作，培养国际化技术技能人才或承接企业海外员工教育培训等方式，参与到国际事务中。二是牵头参加或组织国际专业技能竞赛，将学生推到国际舞台的中央。三是组织职业教育国际会议，开展国际职业教育交流，促进中外人文交流和专业文化交流。

资源实现国际共享，展现国际对话能力。一是课程资源的共享，将教学资源库、精品在线课程、网络学习空间等学习资源对外开放，对外发行与推广双语教材。二是产教融合资源的共享，以"走出去"企业为媒介，将专业群技术资源通过技术服务、成果转化等，对外开放且共享。三是技术人才的共享，通过专业技术人员走出去和请进来两种方式，形成国际职教工匠和职教大师的人才优势。

进入国际标准俱乐部，掌握国际话语权。一方面，借鉴国际先进教学理念和模式，开展本土化教学模式创新；另一方面，积极参与开发国际通用的专业标准和课程体系，提升专业标准开发的国际话语权，最终产出有国际影响的高水平专业标准、课程标准，形成中国职业教育国际品牌（苏州工业职业技术学院党委委员、副院长温贻芳）。

二、特高专业群的组群逻辑类型

（一）高端产业关系逻辑

高端产业关系逻辑表达了特高专业群办学面向的高端产业及支撑的高端产业的发展战略，高端产业应为现代服务业、先进制造业、现代农业、战略新兴业的子产业，可分为 3 种类型（见表 3-1）。

表 3-1　高端产业关系逻辑的三种类型

类型	说明	举例
单产业型	只面向一个产业办学	某职业技术学院的物流管理专业群，专门面向现代物流业办学；服务于国家振兴
产业协同型	面向两个以上（含两个）关联产业办学，面向的两个产业没有主次关系，处于平等地位	某职业技术学院的市场营销专业群，面向商贸业、酒店业、房地产业办学，三业处于平等地位；服务于国家和某省大力发展现代服务业的战略，服务所在城市打造商贸集散中心国际旅游胜地、全国生态宜居城市的战略目标
一主多辅助	面向两个以上（含两个）产业办学，以一个产业为主其他产业为辅，产业之间有关联关系	某职业技术学院的大数据技术与应用专业群，面向大数据产业、物联网产业、人工智能产业、款件产业等新一代信息技术产业及其子产业办学，以面向大数据产业为主其他新一代信息技术子产业为辅；服务于某省打造全球大数据中心、智慧城市发展战略

（二）岗位群逻辑

岗位群逻辑反映了专业群面向的产业高端业态的工作岗位及这些岗位需要掌握的核心知识、技术技能，以形成专业群的人才培养方案的群平台课程及专业核心课程。以表 3-2 中的某职业技术学院的物流管理专业群为例，面向的产业高端业态的工作岗位有无人机控制中心操作员、维护工程师，无人车调度中心操作员、维护工程师，无人仓控制中心操作员、维护工程师，物流公共信息平台运维人员、客服人员、数据分析师；骨骼机器人操作员、维护工程师，物流行业数据分析师等。

（三）人才培养定位逻辑

从前述分析面向的高端产业关系逻辑、产业高端业态逻辑和岗位群逻辑分析可知，专业群的人才培养定位既是专业群内专业的共同定位，又应反映出高端和复合的特点。仍以表 3-2 中的物流管理专业群为例，其人才培养定位是服务国家发展智慧物流战略、某省推进现代物流业向高端化发展战略，面向现代物流业的智慧物流前沿技术（无人机、无人车、无人仓、物流公共信息平台、骨骼机器人、大数据应用等先进技术）培养能操作、会维护、擅应用的复合型高端技术技能人才。

（四）专业构成逻辑

专业群构成逻辑由其他 4 个逻辑导出，需要清晰地给出群内专业的构成及其主次关系，这种逻辑关系并不是简单描述专业之间的主次关系，而要深层次地表达专业群内的专业知识、技术技能构成。对高职院校而言，专业名称不能随意调整，群内专业的构成原则上也轻易不作更改，但专业的人才培养方案、课程及课程内容每年可以根据人才市场需求，根据面向的岗位知识、技术技能培养需求作出调整，从而建立起动态调整的、完整的专业群课程体系，以课程体系为核心再行开展教育信息化、师资团队、实训室、教学资源库、社会服务等内涵要点的建设。

表 3-2 产业高端业态逻辑的三种类型

类型	说明	举例
技术前沿型	面向产业应用的前沿技术	某职业技术学院的物流管理专业群，面向现代物流业的智慧物流前沿技术，如无人机、无人车、无人仓、物流公共信息平台、骨骼机器人、大数据应用等先进技术应用学
服务高端型	面向产业提供高质量、高水准服务的业态办学	某职业技术学院的市场营销专业群，面向商贸业的智慧零售业态、微商营销业态，面向酒店业的高端私人定制服务业态，房地产业的个性家居业态、生态养老业态办学
综合型	兼有技术前沿型和服务高端型特点	某职业技术学院的大数据技术与应用专业群，面向大数据产业的商业数据分析应用、企业销售、客户、产品等商务数据分析应用服务；面向物联网产业的智慧商业应用及服务；面向人工智能产业的大数据企业应用解决方案及客服服务解决方案编制、项目实施服务

第三节 专业群组群逻辑调查研究

学术研究上以产业、专业、区域、结构等为主线逻辑关系构建专业群。

丁宗胜认为专业群的构建是高职院校服务区域经济发展的主要抓手，组群逻辑以产业逻辑关系、学科知识的内在逻辑关系为依据，且要遵循突出学校办学定位和特色，行业基础、学科基础、岗位群相近，以逻辑关系确立群内专业主辅关系 3 个原则。张栋科通过调研发现，现有专业群的构建均以"产业—专业—就业"的线性行动逻辑，忽略了劳动力市场的复杂性，因而需改良为"双联动"（外部联动、内部联动）行动逻辑。董淑华认为专业群的组群逻辑有关系逻辑、区域逻辑、结构逻辑。关系逻辑指专业间的关系，可据此形成单核心引领型、双核心型、单核心辐射型、协同发展型的专业群。区域逻辑是指地理范围，可据此形成校内专业群和校外专业群。结构逻辑是指专业群内专业组合的稳定性程度，可据此形成制度化专业群和松散型专业群。

事实上，各高职院校以学校特色差异化发展为主线构建专业群自 2006 年教育部与财政部联合发布《关于实施国家示范性高等职业院校建设计划，加快高等职业教育改革与发展的意见》后，取得了快速的发展，高职院校纷纷将学校的若干专业以专业群的方式构建起来进行建设，各种专业群也遵循了一定的逻辑关系。绝大多数高职院校以学校的特色化和差异化发展为主线，选择一个主打专业作为专业群的核心专业，同时考虑产业、专业、知识、区域、结构等逻辑关系中的若干个逻辑关系来构建专业群，尚未见有出现跨校的专业群。

一、高水平专业群组群逻辑的基本思路

基于专业群组群的实践的探索，研究领域对专业群组群逻辑的讨论也形成一些具有代表性的观点。

从知识逻辑的视角，职业教育专业组群的目的是促进技能型人才培养，多样化的职业类别需要多元的专业群编组模式，常见的有"立柱模式""并列模式""车轮模式"。

依据专业群治理的模式提出专业群编组的现实问题："以院建群"还是"以群建院"。

（一）依据产业群发展的组群逻辑

该类专业群是围绕某一产业的结构、空间以及链条发展情况组建，并按照产业调整与升级而持续优化，如依据机械制造产业链将原料生产加工、产品设计、零件制作组装、控制系统开发、产品销售与售后等相关专业组合在一起。

这种专业群的构建要求建设学校有着充裕的资金支持，同时有着深厚的专业底蕴，实现链条上各环节的有机整合。该专业群建设的难度在于课程的设置并不是依据岗位知识特征逐一修改原先的课程内容，而是要根据所对接产业群的特征，将相关课程知识进行解构，并依据产业群的群内关系进行重构，使专业群内各个课程实现横向与纵向的多维度衔接，真正实现人才培养路径个性化。

专业群与区域经济内重点产业群对接，依据产业群结构实现群内专业的多元组合，将集团化办学作为专业群发展的重要基石。

（二）依据岗位群发展的组群逻辑

该类专业群以职业岗位为依据，在充分体现职业分工关系的基础上，针对各岗位群人才需求组合相关专业。这类专业群指向一些所处产业链条较短、行业界限清晰但工艺流程衔接紧密的岗位群，如依据制茶产业链将种茶、制茶、茶艺等相关专业联系起来。这种专业群的建设需要高职学校拥有与相关岗位群匹配的重点专业，以重点专业作为专业群核心辐射，且专业内部需要有良好的经验积累，能够在产业技术、生产工艺实行一定的突破。

（三）依据群内部发展的组群逻辑

该类群是围绕某一或相近学科领域形成，且具有强学科知识支撑的一类专业集合，如机电类专业、医药类专业等。该类专业可对接产业链中知识结构相近的一段链条或岗位群。其建设需要职业学校所处地区以资本密集型、技术密集型、知识密集型产业为主，同时具有良好的生源渠道，保障学生的学力能够紧跟专业群的教学工作。

以专业群课程为核心，打造共享资源库平台构建多元跨界的师资团队，实施团队管理模式。业群组群逻辑包括外部逻辑和内部逻辑，外部逻辑建立起专业群和产业的对应关系，主要是职业联系；内部逻辑建立起各专业之间的关系，主要是知识联系，人们平常说的组群逻辑一般是指外部逻辑。外部逻辑主要有产业链组群逻辑、学科基础组群逻辑和技术基础组群逻辑。外部逻辑各具特点，适用于不同的专业群组建。专业群对应的职业岗位群，既不是外部逻辑也不是内部逻辑，而是连接专业群和产业的桥梁。作为专业群的内部逻辑，主要包括核心专业的作用、职业岗位群的分配、课程体系和平台课程、共享资源、人才培养模式等内容。

在对专业群的实践探索和理论研究中，都涉及了专业群的组群逻辑问题，这是专业群建设的基本问题，属于专业群建设的逻辑起点。

二、组群逻辑与职业岗位群

(一)专业群的外部逻辑和内部逻辑

什么是专业群的组群逻辑,组群逻辑在专业群建设中要解决什么问题?这是至今还没有弄清楚,至少还没有形成统一认识的问题。按字面理解,专业群的组群逻辑就是专业群的构建规律,即专业群应按何种思路或原则构建,这是专业群建设的基本问题。厘清专业群组建逻辑至少可解决三个问题:一是专业群与产业的对应关系,即专业群的服务面向问题;二是专业群内各专业的相互关系;三是专业群的人才培养定位。

在高职人才培养方案中,职业岗位群要根据专业群的服务面向和各专业的关系来确定,职业岗位群可直接反映专业人才培养定位。如果将专业群视为一个系统,专业群与产业的对应关系就是专业群的外部逻辑,群内各专业之间的关系是专业群的内部逻辑。职业岗位群一头连着产业链,一头连着课程体系,建立起系统外部和系统内部的联系通道,所以职业岗位群是专业群内部和外部之间实现能量和信息交换的载体。目前,许多研究文章或实践案例中论及的组群逻辑,基本是指外部逻辑,即专业群和产业(链)的逻辑关系,内部逻辑则较少涉及,这应该是当前专业群组群逻辑研究中的不足。本文中想尽可能弥补这项不足,以发挥专业群组群逻辑的应有功能。可以认为,外部逻辑建立起专业群与产业链的关系,要解决的是专业群的"职业联系"问题,内部逻辑要厘清的是群内各专业的关系,要解决的是专业群的"知识联系"问题,然而这两者只是相对独立,并不是互不相关的,换言之,在职业联系里包含有知识联系,在知识联系里也包含有职业联系。

(二)内部逻辑和外部逻辑之间的联接

归纳各种文献中提及的专业群组群逻辑,主要有三种代表性观点:一是以产业链的若干环链为组群逻辑(简称产业链组群逻辑);二是以相同的学科基础为组群逻辑(简称学科基础组群逻辑);三是以相同的技术基础为组群逻辑(简称技术基础组群逻辑）。还有其他的一些原则或观点，基本是上述观点的扩展与延伸，在实际案例的具体操作中也有对上述观点的变通处理或综合应用。需要着重强调的是：职业岗位群作为外部逻辑和内部逻辑的联系桥梁，本身并不是"组群逻辑"。但目前在绝大多数文章和案例中，都将专业群对应的职业岗位群视为组群逻辑，这是认识上的偏差。

高职教育都要面向职业岗位群培养人才，也就是说，确定与专业群对应的职业岗位群，是所有高职专业群建设必须要做且必须做好的事。用职业岗位群作为专业群组群逻辑的实际结果是，根本不需要什么组群逻辑了。以产业链的若干环节、以相同的学科基础或以相同的技术基础组建专业群，都需要设定职业岗位群作为开发课程、设计各教学环节的基本依据。在专业群组群逻辑的特定语境下，产业链的具体环节、相同的学科基础、相同的技术基础都是同等级的概念，而职业岗位群则是这三个概念的下一级概念。因此，哪怕从逻辑学角度，职业岗位群也是包含在上述三个概念之中的，显然不能作为单一的组群逻辑存在。可见，将职业岗位群作组群逻辑是用小概念屏蔽或替代了大概念，结果是局限了视野，使专业群组建逻辑被拦腰切断，模糊了人们的思路。

三、三种常用的外部组群逻辑

（一）学科基础组群逻辑

1. 学科基础组群逻辑的早期应用

1994 年重庆工业管理学院经管系宋奇成老师在《重庆工业管理学院学报》发表了《设立国际经贸专业（群）的思路和建议》，这是迄今为止国内文献资料上第一次出现"专业群"概念。当时的重庆工业管理学院，按照国家教委公布的《专业目录》，将国际经济、国际贸易、国际金融、国际企业管理、国际经济法5 个专业，组建了国际经贸专业群。他们认为上述专业既与"国际"有关，更需要经济学、金融学、管理学、法学（经济法）等学科知识，建设这些专业组群不仅可充分利用教学资源，提高办学效率，还可促进学科发展和课程建设，较快形成专业优势，提高人才培养质量。该文虽然没有明确提出以"学科基础"为组群逻辑，但正是因为这些专业具有相同的学科基础，才将其组合成群统筹建设。这应该是以学科基础为逻辑组群的最早案例。

2.2006年以后学科基础组群逻辑研究

2006年教育部在关于国家示范高职院校建设的文件中提出，要以重点专业牵头建设500个左右专业群，这就引起了高职界的极大兴趣，于是，学科基础组群逻辑也出现在一些文章和专业群建设方案中。袁洪志认为：各高职院校的"专业是具有一定学科基础的"，可将"学科基础相同的若干专业"组成专业群，如建筑工程技术专业、道路与桥梁工程专业、水利水电工程专业等是以数学、力学等学科为基础的，可组成建筑施工类专业群；工商管理、物流管理、旅游管理、人力资源管理等专业则以管理学为共同的学科基础，可将其组建为管理类专业群。

3.职业性与学科基础组群逻辑的关系

高职教育要坚持职业性，尊重学科但不恪守学科性。坚持职业性，就要以专业或专业群建设为龙头，将工作内容和工作情境转化为教学内容，防止高职教育与普通高等教育的同质化。但是高职教育也是离不开学科的，两者具有一定的内在联系，"学科与专业的区别在于前者偏指知识体系，后者偏指社会职业领域。一个专业可能要求多种学科的综合，而一个学科可以在不同专业领域应用。"以相同学科基础作为高职专业群的组群逻辑时，要特别重视作为高职专业群的重要特征——职业性。

（二）技术基础组群逻辑

1.技术基础组群逻辑的早期实践

从目前掌握的资料看，早在1997年就出现了以技术基础为逻辑的组群案例。当年陕西工校贾宝勤老师发表的《建设专业群推动专业改革》文章，介绍了以"机械制造专业"为核心，包括模具设计与制造、机电技术应用、数控机床加工技术等专业构建的机电技术专业群。机电技术专业群的专业都需要机械基础技术、电工电子技术、制图、金属工艺等方面的技术理论，这些技术理论建立了群内各专业的知识联系。文章认为，根据社会人才需求变化，可以特色优势专业为核心，开发若干"基础共用、分支较细但又联系紧密的专业"形成专业群。这里虽然没有使用"组群逻辑"概念，实际上是按照技术基础组建成群的，这就是技术基础组群逻辑的早期应用。2014年，技术基础组群逻辑出现在湖南省教育厅发布的《湖南省职业院校示范性特色专业群建设方案》的文件中："职业院校根据学校的服务面向，以优势专业为核心，按照技术基础相通、技术领域相近、职业岗位相关、教学资源共享的原则构建专业群。"此后许多的研究文章，大多将"技术基础相通、技术领域相近、职业岗位相关、教学资源共享"作为专业群构建的基本依据。可见"技术基础"组群逻辑在实践中有广泛的应用与认可度。

2. 技术基础组群逻辑的主要观点

不少研究者认为，以技术基础为组群逻辑，群内专业可以是高职专业目录中的同一专业大类，也可以是不同专业大类，关键看各专业之间是否具有相同（或至少相近）的专业技术基础课，即只有具有课程相关性的专业才能组建成群。因此，以技术基础为组群逻辑，要深刻把握某技术或服务领域相关的技术基础，以优势或特色专业为核心构建，如智能制造技术、数控技术（柔性制造）、智能成型技术和工业机器人技术专业等，都需要机械技术基础、电工电子基础、液压与气压传动、工程制图与CAD技术、电气拖动和PLC方面的知识，共性要素较多，就可以组建成群。具有相同技术基础的专业组建成群，与之相关的职业岗位群则对应某类技术或服务领域，这些技术和服务领域对应相关产业。可见，技术基础组群逻辑也是通过职业岗位群与产业建立联系的，同样需要对产业（链）做深入的调研分析。

3. 技术基础组群逻辑与职业资格

赵志群教授在《专业（群）建设应重视职业资格研究》的文章中认为，职业资格研究应作为专业群建设的方法论基础。根据专业和专业群的关系，他提出职业分类中的"职业中类"可用于构建"专业群"，"职业小类"则是专业的设置基础，而专业方向可按工种或岗位设置。这种观点与技术基础组群逻辑有某种一致性和一定的合理性，但是职业资格研究未必是专业群建设的方法论基础，且用职业中类和小类分别对应专业群和专业的方式似乎也过于简单。

（三）产业链组群逻辑

1. 产业具体环链与职业岗位群

每个复杂的产业链系统都是由众多环节组成的，产业链中的各环节可称为环链。一个专业群或几个专业群也只能对接产业链中部分环链的职业岗位群，即只能选取产业链上的部分链环作为服务面向，根据服务面向选择专业组合成群。可见，应用产业链为组群逻辑，应深入研究产业发展趋势和学校办学实际，以区域内重点产业若干链环的人才需求为依据，突出优势和特色，形成对应具体环链的专业群。换言之，以产业链为逻辑组建专业群，一定要有所为、有所不为，关键是要选准与专业群办学定位对应的产业环链，确定这些环链的职业岗位群。

2. 群内各专业之间的知识联系

以产业链或产业集群为逻辑组建专业群，要特别重视群内各专业之间的知识联系。当集中精力关注产业环链与专业群的对应关系时，看重的是产业与专业的职业联系，可能会忽略专业之间的共性特征。这种共性特征就是专业之间的知识联系，这与之后要说到的专业群平台课程密切相关，如徐国庆在《基于知识关系的高职学校专业群建设策略探究》中所言，专业群组建逻辑要建立知识层面的联系，不应将"存在于一条产业链上，却无知识内在联系的专业生硬地组织到一个专业群中，比如没有必要把农产品种植与食品加工专业组织到一起"。

3. 群内各专业内涵的动态调整

任何产业链或产业集群总是处于不断调整之中，总是在持续地升级和优化之中，以产业链构建的专业群必须及时掌握产业的发展变化，并根据这些变化，及时动态调整专业群各专业，如应根据职业岗位和岗位内涵变化，及时调整群内有关专业的课程或教学内容等。如果产业在转型升级过程中有较大的变化，即使调整职业岗位群的知识能力范围也无法适应新的要求，就要调整专业方向，或整合已有专业，或重新开发相近的新专业，以满足产业发展的新需求。

上述论及的学科基础、技术基础或产业链基础组群逻辑，都是专业群作为一个整体与外部的逻辑关系。然而，作为组群逻辑还要关注群内各专业的关系，这就是内部逻辑问题。

四、内部逻辑：群内各专业的关系

（一）核心专业的引领性

核心专业是否具有引领性以及其引领作用的发挥，这对专业群的建设显得尤为重要，因此，要求核心专业是"办学理念先进、产学结合紧密、特色鲜明"的重点专业。核心专业可以是一个，也可以是两个，但是一般情况下还是用一个核心专业为宜，否则群内资源较难整合，资源共享性受到限制。

（二）群内各专业的职业岗位（群）

专业群各专业能组建成群，其专业之间必须要具有若干共性要素，如常说的"技术领域相近、职业岗位相关、技术基础相通、专业资源高度共享"等。其中，技术领域相近是外部逻辑应该解决的问题。而职业岗位相关，即是在满足外部组群逻辑的前提下，各专业的职业岗位必然具有一定的相关性。在处理内部逻辑时，要关注各专业的职业岗位群如何分工，一般而言，各专业的职业岗位应该相互补充，且具有自身的相对独立性。

（三）专业群的课程结构和体系

如果说知识联系是群内各专业的共同基础，各专业的核心课程就应该是相互独立的。也就是说，专业核心课是确保专业相对独立的基本条件，是各专业的个性要素。而相同的学科或技术基础以及其知识联系，是专业群的共性要素，也是需要课程来保障的，这就是专业群平台课了。从各校的实践情况看，各专业群的平台课一般在 5 ~ 8 门。平台课是专业群各专业内在知识联系的具体形态，是各专业不可缺少的，平台课内涵越丰富，说明群内各专业的共性特征越多。

（四）各专业教学资源的共享性

专业群各专业教学资源高度共享，这是专业群建设的基本要求，也是设置专业群的最早初衷。2006 年，教育部、财政部在《关于实施国家示范性高等职业院校建设计划，加快高等职业教育改革与发展的意见》中提出，要在示范院校中建设 500 个重点专业群的最初设想之一，就是要通过专业群建设提高教学资源的共享度，提高职业院校的办学效益。群内可共享的资源是比较多的，在教育部高水平专业群建设的申报表中，列出的共享项目有合作企业、用人单位、专业课程、校内实训基地、校外实习实训基地、专任专业教师、校外兼职教师等。

（五）专业群的人才培养模式

知识联系紧密的专业群共性特征较多，各专业可在一个共用的人才培养模式下各显其能。如果做不到这一点，还是要尽可能形成一个能概括各专业人才培养模式的总体原则，在此原则下，由群内各专业各自发挥特长，选择或开发适应各专业特点的人才培养模式。

五、结语

专业群组群逻辑具有较强的理论性和丰富的实践性，还有许多值得探索研究的问题。例如，即使是学科基础组群逻辑，在某些方面也表现出技术基础的若干特点，反之，即使是技术基础组群逻辑，也会表现出学科基础的一些特点，等等。

第四节　当前专业群组群逻辑研究

通过一年多的探索与实践，专业群建设的内容逐步呈现，大致包括三个部分：一是"组群逻辑"，包括专业群对接的产业链和生产环节、学生的就业岗位、职业能力的分析。二是"建设内容",包括课程体系、课程建设、教材开发、培养模式。三是"支撑保障",包括校企合作、教学组织、教师队伍、实训基地、质量评价。三大部分共计十三个要素。专业群建设的核心是"产教融合、能力本位、跨界培养、多元成才"。

根据专业群建设的内在逻辑,可以把上述内容概括为七项工作。认真做好这七项工作,就能实现专业群建设的目标,从而更好地服务产业、服务学生、服务社会。

一、弄清组群逻辑,重构教学组织

说清楚组群的逻辑,是大多数专业群建设遇到的第一个瓶颈。要科学回答为什么要组建专业群?为何这样组建专业群?需要转变思维定式,从"我有什么专业?"转变为"市场需求什么?我们能够做什么?"这就是逻辑起点。

专业群怎么起步?必须从产业研究和人才需求分析入手,这是"组群逻辑",也是专业群建设的逻辑起点。如果组群逻辑不清晰,根本就不去研究产业需求,甚至没有逻辑,只是在现有的专业之间做文章、划圈子,那样就离开了建设专业群的初衷,专业群的建设就成了"无本之木""无源之水",课程结构体系的设计与重构就缺少了逻辑的起点。不能让专业群建设输在起点上。

专业群是一种体现校企双主体办学、跨学科跨专业的教学组织。专业群的教学组织不是在现有系、二级学院内部对专业的重新划分,而是在对产业链分析基础上进行重构。人才规格由单一技能转为复合技能,教学组织由专业本位改变为以专业群作为建设单位,再到"跨学校跨专业跨区域整合教学资源,与企业联合建设一批紧密对接高端产业和产业高端的产业学院",积极探索"按照专业群开展招生工作",(《江苏省职业教育质量提升行动计划(2020—2022年)》)教学组织形态发生了质的变化,涉及学校内部治理结构调整和机制改革,非得下大决心不可。要研究产业数字化转型新业态、新模式,新技术应用场景、新职业与专业课程体系的对应关系,用新职业岗位对照专业群和课程体系,用新职业工作场景"倒逼"教学场景改革,实现跨界融合、跨学科专业融合。(鲁昕)如果专业群内部依旧按照各自专业的体系组织教学，专业之间依旧是资源分割，"各自为战"，形不成人才培养的"合力"，组建专业群还有什么意义？"要实现某种目标，请先从组织改造开始。"

"组群逻辑"是否清晰，是专业群建设的"开门第一件事"，也是专业群建设的第一个瓶颈。所谓专业群建设的格局和视野与传统的专业建设不同，关键就在于此。

二、探索产教融合校企合作办学模式

教育部等六部门关于印发《职业学校校企合作促进办法》的通知提到，"产教融合、校企合作是职业教育的基本办学模式，是办好职业教育的关键所在。"

在实践中，我们似乎对"产教融合、校企合作"的理解还有待进一步深化。从教学标准来看，"产教融合"不同于传统意义上的校企合作，要解决教学资源和教学模式跟上产业发展的要求，把产业发展对职业岗位的关键要求融入到专业标准和大纲等教学资源中。它不是对接某家企业的标准，而是强调技术的社会性。这就涉及课程结构、课程标准、教师资质、质量监控等方面，要有新的理念和举措。

从教学环境来看，"产教融合"不同于传统意义上的以仿真模拟为主的或单项技能的实训、实习，它是在真实的工作环境中真刀真枪地实干真做，最终以产品质量和成本效益为测量学业水平的主要依据。因此，学习与工作"难解难分"，学做人与学做事统一，专业能力的学习和通用能力的学习融为一体，使全面素质教育和综合职业能力培养真正落到实处，这就涉及课程体系、教学计划、训练场所、装备设施、评价标准等方面。

从教学活动来看，"产教融合"不同于传统意义上的顶岗实习，它需要自觉、自然、有效地融入有关的产业活动，同时把产业理念、产业技术、产业文化、产业力量引入教学活动，参与育人过程，从而导致教育的运行和发展模式发生质的变革，必将涉及合作育人体制机制的创新。

从评价标准来看，产教融合的评价标准是"教学资源改变了多少，教学过程优化了多少，学生面对职业的胜任力提高了多少，学校服务贡献力增强了多少"。（马树超）从办学形态来看，无论是在校园里办企业（校中企），还是把学校办在企业（企中校），都是为了贯彻"企业主导、合作育人"的办学原则，逐步实现深度的产教融合。当下，不少院校成立的"产业学院""产教中心""实践基地""一企一院"等即是在这方面的有益探索。

实践证明，深化产教融合的改革内涵已超出"教学"的范畴，它产生的意义涉及整个人才培养过程，是人才培养过程的整体性创新。这种创新性的变革，必然要改变传统学年制和学时制的统一班级、统一教师、按周分切课时的现状；应由学生根据个人的实际情况，根据学校制订的规则，在教师的指导下，自主选择教学模块和定向工作室学习，从而对传统的教学管理工作方式提出了挑战，在教学进度和教学效果控制方面也出现了不少新的问题与情况，需要通过改革、创新去解决。

多年的经验证明，校企关系问题，不单是思想问题。第一，校企的功能主旨和利益目标的差异是客观存在的，解决这种差异所产生的矛盾的途径，非国家法规和政策莫属。第二，计划体制下的组织方式、运行机制和政策体系都没有了，市场体制下相关组织方式、运行机制和政策体系没有建立起来，从而对探索产教融合、校企合作造成了很大的困难，更加需要我们努力创新、探索前行。第三，则是学校的服务意识和服务能力问题，以及企业的认识和眼光问题。所谓相应的有效的体制机制，是在上述两者基础上才能出得来。尽管要发生全局性的改变恐怕非全盘布局不可。但是，也不排除出现先行者（这种先行者正在越来越多地涌现）的可能性及其重要意义。在专业急速转型和大规模扩招的背景下，深化产教融合、校企合作，学校的"服务理念"和能够带领学生服务产业的教师队伍，越来越凸显出其重要性。

三、构建能力本位的课程结构体系

新的课程结构体系应当对接产业链的需求，应当体现能力本位而不是学科（知识）本位。

　　传统专业的教学是按学科体系课程的内容编排的，采取了各门分科课程平行展开的方式，构建完整知识体系的同时是职业行为的"碎片化"。专业群的课程体系是以岗位能力为导向的课程组合，每一组课程对接一个工作岗位，由若干个学习领域或教学模块为单元组成，内容源于企业的工作领域。每个学习领域规定了教学目标、教学参考课时、教学内容，要求教师以行为导向的方式授课，使学生经过学习后在自己的行业领域内有能力独立计划、实施和检测其工作任务，体现了应用属性，突出了能力本位。

　　专业群建设的实质性成果之一，是在产教融合背景下，"以职业能力需求为导向，以职业活动为单元组织课程"，构建基于工作过程的、将学习体系和项目体系融为一体的课程体系。这种课程体系，由项目引领的"学习模块"组成。教学的内容要从企业项目"拆解转化"而来，课程模块之间应当具有严密的关联性和内在的系统性，实行"以工作引导学习"或"在工作中学习"。

　　有各个分数段的学生同在一所学校学习将是职业院校长期存在的现象，但传统的专业课程体系是单一的通道，学生不论文化基础和职业意向如何，都是一个教学计划、一本教材、一个课堂、一个标准，这种"从一而终"的做法不适应以多样化为特征的职业教育。专业群的教学设计，应当体现"支持任何人在职业院校里寻求适合自己的发展空间"的积极态度，突出"目标多样，路径多条，自主选择，因材施教"的科学理念。

　　学校除完全订单培养和短期单项培训之外，专业和课程都应该有较宽的覆盖面，能够适应未来一定时期的需求，不能过于短视和窄视，应该具有"以不变应万变"的潜在势能，采用"菜单式、模块化、开放型"的设计，由多组课程构成，因需而设，有求必设，为"人人"提供有效的多样化的成才路径，"不拘一格育人才"。

　　"能力本位、模块化课程、工作中学习、面向人人、目标多样"，这些理念和指导思想都要求专业群课程结构实现"颠覆性"的设计和重构。

四、体现类型特点的课程与教材建设

课程是人才培养的载体，是院校实际意义上的"产品"。课程的质量和数量反映出一个院校的竞争力，学生应该是学校的用户，是你的服务对象，是"上帝"，是需求提出方，而且往往成为一个学校的重要甚至主要助推力量。（范唯）

课程改革的核心是要解决课程的学科（知识）本位、与生产工作实际脱节、内容形式陈旧老化的问题。在专业群建设的过程中，很重要的一项工作是拓宽教学资源的空间，丰富教学资源的内容和形式，通过内容和形式的创新，使课程和教材贴近时代，贴近社会，贴近生产。具体来说，包含四个方面的工作。

（1）内容整合。根据职业院校特定的培养目标，对现有的课程内容和课程体系重新进行筛选和组合，把需要的内容整合成新的课程和新的课程体系。这种"整合"包括基础课与专业课的整合，理论与实践的整合，德育、智育、美育的整合，学历教育与资格教育的整合。搞"整合"是多年来课程改革的一大难点，可这是课程改革的世界性趋势，要敢于拣硬的碰，因为只有在难点和要点上有所作为，才能形成自己的相对优势。

（2）工学结合。即学习与工作对接，通过一个个社会交付的工作项目（也是学习项目），让学生在完成任务的过程中激发起主动学习的热情。通常的做法是，把职业或职业群分解为若干个职业活动单元，把每一个职业活动单元的核心部分（做成某种产品的全过程）设计成适合于学生学习的"作业项目"。围绕"作业项目"，把相关的理论知识和其他能力要点，从原来的各有关学科体系中提取出来，加上"通用能力"，与这个"作业项目"共同组成一个学习模块，以便满足从事该职业活动单元所需之全部知识和能力要求。许多国家都有类似的做法，德国叫"职业活动项目"，澳大利亚的 TAFE 叫"学习包"，英国的 BTEC 叫"课业"，我们一般叫"学习模块"。每个教学计划包含 15 ~ 20 个"学习模块"。"学习模块"的开发，在一定意义上更难于专业的顶层设计，更重于教学计划的制订，其焦点是"教学活动的设计"。（杨金土）

（3）学生主体。即从教师主体转为学生主体。教师的责任自然包括直接教授给学生一些知识和技能，但更主要的责任是激发起每个学生的职业兴趣。教师要围绕一个个工作项目，告诉学生为了完成这项工作任务必须掌握的知识和能力，告诉学生从什么地方（书籍、报刊、网络等）可以学到这些知识，如何能够掌握这些能力，让他们在与学习环境和工作环境的交互作用中建构起属于自己的知识框架。"学会学习"对学生来说是一种终身受用的能力，是一种做事能力，也是一种生存能力。

（4）双证融通。浅层次的融通是在教学计划中加上职业资格课程模块，深层次的融通是把职业资格课程内容融合在相关的专业课程之中，学生毕业就能获得有关证书。深层次的融通必将导致学历课程的深度改革，而这种课程的深度改革，恰恰是推进"双证融通"的主要目标。

"课程"，是职教改革中很重要的概念。由于"职业与专业之间的差别越来越大"，以专业为教学单位的时代正在渐渐远去，传统的知识本位的课程也正在被淘汰。以专业群为教学单位的时代正在到来，由于专业群的特点，"以课程为中心"的思想逐步被认可。专业群的课程体系是由对接岗位的一组组的课程构成的，"课程主线"和"职业主线"应当高度重合。能力本位的课程有四个要求：一是课程内容高度对接岗位能力和职业标准，反映"新技术、新工艺、新规范"；二是通过内容和形式的创新，使教材"贴近时代、贴近社会、贴近生产"；三是实行"双证融通"，融入的证书应当与产业需求对接，获得行业企业的认可；四是把产业发展对职业岗位的关键要求融入到专业标准和大纲等教学资源中。如果一味地追求"技巧"，把课程做得像表演一样，那就走歪了。

"教材"，是职教改革中的一个难点。"教材"建设难在把"知识（学科）本位"转变成"能力本位"。我们往往把教材改革复杂化了，要求很完美，但做不到，于是就把老师吓住了、难住了。我以为，教材改革只要把握住一个原则，就能够达到职业教育（类型）的要求。什么原则？就是"从职业和职业能力分析开始而不是从学科知识开始"。国际上两种教学模式（教学模块），一种是 MES（20 世纪 70 年代初由国际劳工组织研究开发），另一种是 CBE（能力本位教育），都是以岗位任务和执行能力为依据确定的。因此，我们编写一本教材，首先要做"职业和职业能力分析"，这是教材是否符合职业教育要求的基本点。"要紧盯技术和产业升级需求，及时将新技术、新工艺、新规范纳入教材，探索使用新型活页式、工作手册式教材并配套信息化资源，引入典型生产案例，把教材每三年大修改调整一次、每年小修改调整一次的要求落到实处。"（孙春兰）

线上线下相结合的课程设计，是基于网络技术的提升和抗疫的常态化而形成的新的教学形态。线上教学拥有不少优点，专家可以远程授课，课程可以回放，等等。但是，由于学校有许多环境优势是网络无法复制的，所以如何增加课程的吸引力，增加交流的通道和教学的有效性，仍需要认真研究。

五、构建面向真实生产环境的任务式培养模式

专业群在建设中应当积极探索、践行"面向企业真实生产环境的任务式培养模式"（《国务院办公厅关于深化产教融合的若干意见》）。第一，必须"面向企业真实生产环境"。在教学培养过程中，学生除了基础课主要在校内完成外，专业课全部在实习基地完成，学生在真实的工作环境中真刀真枪地实干真做，是完全真实的职场环境，学生在这样的职场环境中熏陶、实践、学习，成长为专业人才。第二，"任务式培养"。逐步将现在的"老三段"（公共基础课、专业基础课、专业课）改为"新三段"（实践—理论—再实践）。先实践（职业认知），帮助学生对未来从事的行业有一个直观性的认识，产生理论需求后，再进入高一个层次的实践。如此循环往复，逐级递进。以实践（工作）为主线，在实践（工作）中培养素质，学习技能。

"面向企业真实生产环境的任务式培养模式"比较充分地体现了职业教育的类型特点。

（1）面向职场。与传统的教学模式相比，"面向企业真实生产环境的任务式培养模式"将职业教育从"以课堂教学为主、基于学科知识体系的教学"转变为"面向职场、对接产业"，从而有助于解决理论与实践脱节、教学与生产脱节、学校与社会脱节的弊端。

（2）实践育人。与传统的教学内容相比，"面向企业真实生产环境的任务式培养模式"给学生以更加深刻的工作体验和生活体验，有助于通过社会实践、工作实践，培养学生发现问题与解决问题的能力，帮助学生认识国情、了解社会、

了解职业。

（3）概率更高。与传统的教学方式相比，"面向企业真实生产环境的任务式培养模式"用于能力训练的时间更多，训练内容更完整，更加贴近生产，在同样的时段内学生能够掌握更多的生产技术技能，与工作岗位"零接轨"的可能性更高。

六、打造专兼职结合的教师队伍

在重构专业体系和改造课程结构这两项工作中，教师的角色是极其重要的一环。所有的改革、创新都离不开教师，有优秀的教师才有优秀的学校。教师的素质是当下职业院校最薄弱的环节。

在学科知识型课程阶段，需要的是能够在课堂上讲课，能够按知识体系编写教材的教师；在"行动导向"的项目教学阶段，需要的是能够带领学生实操，能够将企业项目转化为课程（如英国 BTEC "课业"）的教师；在产教融合、校企深度合作阶段，需要的是熟谙行业企业，能够指导学生选择职业，帮助学生制订职业生涯规划的教师。每个阶段教师的能力自然包括之前阶段的能力，但要求更高。我们可以自问：我们的教师处于哪个阶段？我们计划用多少时间、什么方式达到哪个阶段？

打造优秀的教师团队，"掌门人"的理念、担当和能力是关键。大量案例证明，领导清晰的办学理念、亲力亲为的行动，是教师们愿意积极参加的动力，是一切改革创新取得成功的保证。学校应该在政府指导下，建立充分体现"教学实绩、技能水平和专业教学能力"的"双师型"教师考核评价机制。

专业群的带头人在人才培养中具有极其重要的作用。"观察一所职业院校的一个专业，当你能够真正感受到其有很深的行业企业融入度时，往往会发现其带头人身上散发着典型的行业气质，举手投足间充溢着对行业的责任和热忱。学生进入这样的专业（群），一年级时挖掘出职业乐趣，期待成为毕业生；二年级时建立职业认同感，渴望成为从业者；三年级时形成职业归属感，立志成为行业企业接班人。"（范唯）

教师队伍建设的关键是培育教师的创新意识和创新能力。校企合作的升级，教师队伍的结构和能力必定是同时升级的：逐步从课堂到企业、从静态到动态、从被动到主动、从注重教法到提升能力（创新能力、服务能力）。学校应该有目的、有组织地通过"课程与教材建设、研发教改课题与项目、参与承接企业项目"三个方面的教学实践，培养创新思维、产业思维，获取产业资源，增强行动能力。在教改的实践中，融业，跨界，与时俱进，逐步形成专职教师的"双师素质"，实现校企教师的"分工协同"。

《江苏省职业教育质量提升行动计划（2020—2022年）》提出在三年内"建立充分体现教学实绩、技能水平和专业教学能力的'双师型'教师考核评价机制"，点到了职业院校教师的"软肋"，也昭示了职业院校教师的未来努力方向。希望江苏能够早日出台实施细则并坚决执行之，职业教育发展中的一个瓶颈问题就有望得到逐步解决。

七、建设生产性实训基地

职业教育的实训基地建设贵在"真实性"和"生产性"。实训基地应与企业合作建立，实训过程与生产过程应对完全一致，引入企业真实工作情境作为实训任务，保证训练项目的真实性、先进性和共享性。为了满足真实性、生产性的训练，需要开发对接工作岗位要求的训练教材和训练手册，需要建立具有实际操作能力的专兼职教师队伍。实训基地应有服务产业的经济指标。

"生产性实训基地"建设是提升服务能力的重要举措。这里强调的是"生产性"，即是在真实的工作环境中真刀真枪地实干真做，最终以产品质量和成本效益为测量学业水平的主要依据。这样，教学标准问题解决了，教学和生产对接了，理论和实践结合了。

"生产性实训基地"是专业群建设的关键性支撑条件之一。"生产性实训基地"的建设必然引起教学资源的改变，推动教学过程的优化，提高学生面对职业的胜任力，增强学校的服务贡献力，"生产性实训基地"是"双师型"教师培养的主阵地。通过教师与技术人员轮岗交流、教学和生产性成果资料双向反馈转化，提高教师教学和服务能力。

综上所述，专业群建设的七项工作（产业分析、办学模式、课程体系、课程建设、培养模式、师资队伍、实训基地）实际上是环环相扣的。你中有我，我中有你，无法完全拆分，又有逻辑上的联系。四大关键要素（产教融合、学生成长、教师队伍、课程教材）融入其中，贯通全程。

评价专业群建设的七项工作则需要建立以第三方为主的多维度评价制度。这种评价制度应当以第三方（产业）为主，包含政府主管部门和教育受惠方（学生、家长）。

近年来，经济社会发生急剧变化，对人才规格的要求更高，希望毕业生有更强的社会适应力和职业发展力，对专业群建设的要求也"水涨船高"。高职教育的格局正在发生变化，从传统的质量评估逐步发展到品质革命。什么叫质量？什么叫品质？质量就是符合要求，而品质则是一种"口碑"。"品"字是三个口，学生之口、用户之口、公众之口，我们的教育教学、我们的毕业生经不经得起说？经不经得起吐槽？经不经得起用人单位的检验？品质革命靠创新驱动。要做不同的东西，做更好、更优的专业（群）、课程（教材）。还要注意，创新不完全是靠开设新专业。对接产业需求，整合教育资源，提高现有的专业（群）品质，也是创新。有效的做法是"盘活存量，带动增量，应对变量，义无反顾地开展品质革命"。

第五节　建群模式思考

一、以院建群模式

以院建群，是指高职院校以现有二级学院内设置的专业组建专业群，专业之间的关系相对松散，根据专业群的发展需要新增或淘汰专业，不打破学校现有的二级学院架构,不跨二级学院组群。组群专业以二级学院为统领,在二级学院的组织下开展专业群的建设。从静态的视角分析,以院建群可视为二级学院内设置的专业是合理的,在对应产业(链)或岗位(群)方面是科学的,专业设置是科学论证的结果,各专业经过较长时间的建设形成了稳定的专业基础,将有关专业设置在同一个二级学院是最优的选择。二级学院现有的机构设置、人事安排、师资配备等能够适应专业群的发展需要,从二级学院领导班子、二级学院院办到专业教研室、课程组是组织适应的结果,能够完成组织设定的管理目标和各项功能的发挥。从动态的视角分析,专业群的组群专业是动态变化的,可以根据区域或行业对某类人才的需要调整组群专业,在不考虑学科及专业大类的情况下新增专业,进一步优化组群专业之间的关系,同时可以根据发展需要撤销不适应的专业,通过专业调整完成组群专业之间关系的优化。二级学院的管理在现有的制度安排和一定时间尺度内也是动态变化的,高职院校根据专业群的发展需要调整二级学院领导班子和基层教学组织。

二、以群建院模式

以群建院,是指高职院校以产业(链)或岗位(群)对专业人才培养的需要组建专业群,组群专业不考虑专业目前所在的二级学院,组群专业之间有更紧密的关系,各专业的定位是以专业群的定位为前提和基础,在群功能的基础上设定自身的发展目标,强调专业群对二级学院的影响。从静态的视角分析,专业和专业群在组织、建设和发展过程中是存在区别的,由设置合理的专业组建成的专业群不一定是合理的,专业是部分、专业群是整体,专业影响专业群但不决定专业群,专业群对组群专业的影响是全面而深刻的。遵循产业(链)或岗位(群)对人才需求,高职院校组建跨二级学院的专业群是优化学校专业布局、整合教学资源、加快品牌建设的必然选择。二级学院是服务专业发展的,专业群功能的发挥则是二级学院开展基层治理的主要内容。从动态的视角分析,专业建设与产业发展之间的匹配是两者供需利益协调的过程,行业企业、专兼教师、家长学生都是专业群的利益相关者。单一专业在适应发展、抵抗风险、资源开发等方面是难以适应产业转型升级下新业态对专业的诉求，需要基于某种逻辑，以群的方式动态整合相关专业，在不新增或淘汰专业的情况下实现专业之间的最优化，动态调整基层教学组织进而完善专业布局。以专业群为基点，调整人、财、物、信息等资源的配置，平衡各利益相关者对专业发展的诉求，二级学院内部的人事安排、部门设置均以专业群的发展和功能发挥为出发点。

专业群与二级学院的关系、组群专业之间的关系是以院建群和以群建院两种典型模式的基础，以院建群是以二级学院为单位组建专业群，二级学院对专业群具有决定性作用，组群专业之间的关系相对松散；以群建院是以专业群为基础组建二级学院，专业群影响着二级学院的组织方式，组群专业之间的关系更为紧密。不论是以院建群还是以群建院都是高职院校专业发展中出现的模式，在具体的院校实践中具有合理性和可行性，两者的优劣是相对的，也是比较的结果，何种模式适合更需要综合考量高职院校的具体情况和区域经济社会发展的需求，不能简单地认为以群建院模式就一定优于以院建群，或后者优于前者，实践才是检验结果的标准。而通过对以院建群和以群建院两种模式的比较，可以为后续专业群的建设提供一些启示。

专业作为高职院校发展的基石，也是组建专业群的基本单位，受高职院校行政管理制度的影响，专业及专业群建设中以行政管理为主，行政机构、行政人员、行政权力成为影响专业群建设的主要因素。随着国家治理现代化的推进，政府和市场在参与经济社会等事务中日趋平等，市场在资源配置中的决定性作用日益凸显，专业作为职业教育与经济活动的链接点，产业、行业、企业等对专业群的影响越来越大，以学校为主的专业群建设模式已经难以适应发展需求，需要专业群建设的利益相关者共同参与。高职院校健全内部治理体系，打破直线式、科层制和单一式的传统管理模式，发挥学术委员会、专业建设委员会、教职工代表大会等的作用，扩大二级学院自主权，优化内部治理结构，减少决策层与执行层之间的管理层级，使得专业群从上至下的信息传递更加畅通高效，从下至上的问题反馈更加及时到位，以消解组织层级带来的信息粘滞；减少利益主体之间的沟通障碍，从内至外推进专业群的建设和课程体系的重构，从外至内对接产业链、岗位群等对专业群建设的要求。

　　以群的方式推进专业建设是加强专业之间关联、共享建设资源的策略选择。高职院校之间的竞争归根到底要体现在专业人才培养质量，没有高水平的专业建设就没有高水平的高职院校，而专业群的建设正是服务学校发展的路径选择，这需要将以骨干专业为主、其他专业为辅的发展策略，转变为专业之间整合优势、抱团取暖的发展策略，将专业之间的内部竞争转变为内部合作、外部竞争，在合作的基础上竞争，进而培养适应现代产业发展和服务实体经济需要，具备相应素质要求、知识要求和技术技能要求的高素质技术技能人才。充分发挥专业群的集聚效应和服务功能，按照"底层专业基础课程共享、中层专业核心课程分立、高层专业拓展课程互选"原则构建专业群的课程体系，在实践教学基地、校企合作企业、产教融合项目等方面整合组群专业资源，打通专业发展之间的壁垒，为学生个性化发展提供更多可能，为专业特色发展提供条件。同时，在院校内部整合资源的基础上，通过产教融合企业、产业学院、协同创新中心等平台，促进技术技能积累、提升专业群服务行业企业的能力。由个体转向团队，打造高效双师队伍。依照产业（链）或岗位（群）等组群逻辑，组群专业存在跨专业大类、跨学科基础等的情况，单一背景的教师团队难以适应专业群的发展需要，跨界组建师资团队是专业群健康发展的关键。

　　专业群对二级学院的组织管理提出了更高的要求，教师之间的交流合作增多，更多的项目和任务需要多人协作完成。从主要业务分析，教师团队主要可以分为教学创新团队、教学管理团队、技术研发团队等，其中，教学创新团队专题研究侧重探索教师分工协作的模块化教学，建设数字化的教学资源，编写活页式、手册式教材等，推进课堂教学改革；教学管理团队侧重专业建设的教务、考务等日常事务，保证正常教学活动的运转；技术研发团队侧重专业群技术研发、工艺改进、流程再造及企业研究项目等。卓越的教师团队才能造就高水平的专业群，在打造高效双师队伍过程中，需要根据工作组建跨界教师队伍，坚持背景多元、专兼结合、结构合理的组建原则，注重对团队负责人的选拔和培养，强调团队成员之间的分工与合作，着重培育团队精神。由静态转向动态，构建专业生态系统。系统作为一个有机的整体，主体与外界环境之间不是封闭隔绝的，存在着物质转化、能量流动、信息传递等，专业群作为一个系统，组群专业与外部环境存在着人员、信息、技术、资金等的流动，专业之间也存在竞争、合作、互利和共生，随着时间的推移，专业群在打破旧的平衡中实现更高水准的平衡，从而构建专业生态系统。一方面，专业群与外部的经济社会良好互动。专业群的建设是一个动态的过程，在与行业企业的互动中不断地调整发展目标，无论是以院建群，还是以群建院都不是一劳永逸的组织选择，需要根据对应产业的发展变化实行动态调整。根据专业群的发展因地制宜地分时段、分阶段地选择适宜的发展策略，健全对接产业、动态调整、自我完善的专业群建设发展机制，使得组织运行更加主动灵活。另一方面，组群专业之间良好互动。受限于现有专业基础、发展定位等的影响，组群专业之间的关系会出现单核心引领、双核心引领、协同发展等不同的类型，但随着内外环境的变化，专业之间的关系会发生变化和调整，组群专业在适应环境中调整功能和定位，进而促进组群专业之间的持续发展。综上所述，高职院校专业群的建设是适应产业转型升级和院校持续发展的结果，无论是以院建群，还是以群建院都将直接或间接地影响专业群的基层治理模式，以专业群的方式变革基层教学组织的运行方式，促进学校专业结构不断优化，激发利益相关者深度参与，实现专业的持续健康发展，培养经济社会发展需要的高素质技术技能人才。

三、专业群建设当前存在的问题

（一）问题一：理论研究深度不够

（1）理论研究深度不够，尤其是针对我区职业教育专业改革与发展中遇到的重点、难点问题的研究不够。

（2）高质量的教育教学改革论文欠缺，理论成果偏弱，论文层次不够高，尤其缺少中文核心期刊的教改类论文。

（3）缺少与国内发达省份及与国内外同类专业的比较研究，开展课题研究的方法和手段有待进一步丰富和完善。

（4）课题基金项目标注不够规范，提供的部分论文未标注本课题基金项目。

（5）从部分专业（群）发展研究基地的申报书、开题报告以及中期检查情况看，专业群的组群专业有调整，但未做任何说明。

（二）问题二：结构不合理，专业间关联度不高

（1）专业建设创新主要以人才培养模式创新为主，尚未形成可借鉴可推广的专业建设机制、模式、举措。

（2）在整个调研过程中发现对专业群成果凝练与人才培养模式的探索多处于经验层面，阶段性成果进度较慢，基于工作过程为导向的一体化教学工作页还未成型。

（3）研究基地人员组成不够科学合理，校内专业群教学团队协同创新、服务产业升级、引领行业发展的能力需要提升。

（三）问题三：逻辑关系不清，结构有待调整

（1）专业设置缺乏系统、科学的设计，部分专业群选择的专业之间的关联度低，有的专业难以融入专业群。

（2）对专业（群）建设和专业（群）发展研究的区别理解得不够到位。

（3）专业群内人才培养方案和专业课程体系关联度不高、共享性不足，个别专业人才培养方案总学时数偏低。

（4）专业群组群逻辑还未系统性构建，专业群人才培养模式、课程体系等缺乏系统性的规划和建设，专业群内资源共享的能力进一步加强。

（四）问题四：建设模式封闭，校企合作松散

（1）主动对接产业的意识不强，专业群与产业链、岗位群对接的吻合度低。

（2）行业、企业参与专业群建设的动力不足、参与度不高，在与学校合作中缺乏稳定性与持久性。

（3）校企合作双方的比较优势未能产生和谐共存的优势互补效应，在经济与

社会效益的利益博弈中未能形成良性的竞合关系。

（4）虽结合企业需求推进了专业建设，但存在"有做法，无提炼"的情况。

（五）问题五：内涵特色缺失，竞争实力较弱

（1）聚焦我区职业教育专业改革与发展中遇到的重点、难点问题的研究及改革建议思路还不够清晰。

（2）针对当前我区职业教育专业改革发展中遇到的问题，开展基于问题导向的课题研究深度不足。

（3）在应对市场变化与产业结构转型升级方面，专业群结构调整与产业链、岗位群对接滞后，衔接迟缓。

（4）专业（群）发展研究基地的区域引领、示范、辐射作用还有待进一步加强，引领广西职业教育同类专业改革与发展的作用展现得不够明显。

（六）问题六：政策制度乏力，运行机制灵活性不强

（1）部分专业群建设过程中学校层面没有形成激励基地建设的体制机制，专业发展研究基地建设存在着由各系自行建设的情况，学校层面的统筹力度有待加强。

（2）部分专业群研究基地的评价体系待完善。支持专业群建设的"红利"政策乏力、执行不畅，推动专业群有效运行的生态环境尚未形成。

（3）以教研室为载体的各专业门类自成体系，教学运行与组织管理上条块分割现象严重。

（4）学校传统管理体制与企业市场运行模式难以有效沟通，按照产教融合要素组建的专业群往往在实际运行中遇到阻碍。

（七）问题七：资源供给不合理，共享效能低下

（1）专业条件建设的"小而全"理念与"自给自足"模式，造成重复投入、利用率低、开放性差等问题。

（2）部分专业群校内实训设备需要充实，资源需要更有效整合。

（3）建设推进速度慢，总体滞后于计划，建设方案不够成熟，可操作性不强，有待进一步完善。

（4）共享资源意识淡薄、资本经营模式落后，使得专业群的融资渠道单一、资源集约利用不足。

（八）问题八：建设能力不足，服务功能有限

（1）部分专业及专业群的服务定位偏低、服务范畴有局限。

（2）部分专业群设计的中职和高职学校的专业难于对应，中高职衔接对应能力不强。

（3）专业群国际化办学水平有待进一步提升。面向东盟的国际化办学渠道、教师的国际化视野有待拓宽，内涵有待提升。

（4）大部分学校忽视外部市场调研和内部基础分析，专业设置不能有效对接区域产业发展，对接国家标准的能力有待提高。

第六节　高水平专业群建设的一些成功做法

一、创新专业群的基层学术组织

专业群的成长还需要创新专业群组织机构、创新基层学术组织以相应机制来保障其有效运行。

（一）专业群的教研室机制

教研室的划分并无定法，传统大学院系大多数是以某个专业为一个教研室，或以专业理论与实践课程来划分教研室，或以承担某个专业方向相近专业课程的

教师组成教研室。

（二）专业群的教师工作室机制

教师工作室是汇聚专业集群内的专业教师、业界师资、学生等多方资源，融开展人才培养、科学研发、社会服务于一体的教育教学创新团队，是知识创新及实践能力培养的主要场所，是实施创新教育的重要手段。

二、打造高水平的标志性成果

要抓住几个关键词：一是高水平，要树立标杆、体现引领；二是努力研究，多出几篇核心论文和专著；三是借助各种平台，吸纳一些兄弟院校同类专业的教师到本项目的研究团队，通过团队精心策划设计，边研究实践，边开展成果的推广应用工作，发挥引领示范作用。

三、合理构建研究队伍，优化资源配置

加强专业群团队建设、基地建设、群课程体系和资源共享互融等方面的研究，不断拓宽项目实践成果的产出面，各专业群在建设过程中应吸纳一些区内中高职院校同类专业的老师进项目组，加强合作研究，做好项目成果的推广和共享，在现有格局下进一步加强产教融合深度，加强对协同育人模式的研究和探索。以现代信息化手段，助推"三教"改革，增强办学吸引力，打造自身特色，建构高质量专业群。

四、对接国家标准，进一步完善人才培养方案

进一步结合专业发展基地方案中提出的人培模式。在现有格局下进一步加强产教融合深度，加强对协同育人模式的研究和探索。在学生能力培养上，如何在专业群中体现和渗透，目前看到的各专业的人培模式还是基于本专业发展独立

提出，与专业群的人才培养思路连接不够紧密，特别在"1+X"上，如何开展和互融互通？

进一步探索怎么构建"行业、企业、学校、师生"共同参与的专业建设机制，特别是教师和学生实在参与、有效参与，如何结合基地的研究和底蕴深厚、人才众多的学校在这方面的积极探索，创新形成新模式下的专业建设机制。为全区探索出一条可供借鉴的专业群，共通共有建设的模式和经验。

五、深化校企合作研究

提升专业建设与岗位建设的有效对接。在现有格局下进一步加强产教融合深度，加强对协同育人模式的研究和探索。进一步加大校企合作，推进产教融合，促进专业设置、人才培养方案、课程建设、教材开发、师资队伍建设、实习实训基地、人才评价标准等方面取得更大的突破。

六、创新保障机制

（一）制度保障

加强制度化建设和规范化管理，制订专业群建设与管理委员会章程、工作条例等，形成比较完善的专业群建设制度体系。

（二）资源配置

按照专业认证的生师比要求配备师资，将专业群建设与师资队伍建设、课程资源建设、办学条件建设等统筹配置；设立专业群建设专项经费、专业群建设团队绩效奖励经费，确保专业群建设的经费优先、足额投入。

（三）绩效评估

建立专业群绩效激励机制和效度评价机制对专业群实施情况进行评估。

第四章

"岗课赛证"综合育人模式的现状及分析

第一节　土建行业企业的发展及岗位需求现状

建筑业是中国国民经济的重要支柱产业之一，市场规模庞大，企业数量众多，市场化程度较高。中国建筑业的企业规模分布呈现"金字塔"状，即极少量大型企业、少量中型企业和众多小型微型企业并存，主要包括三类企业。

一是大型国有企业或国有控股公司。其中，一类以中国建筑工程总公司为代表的中央企业，这些企业具有显著的规模优势，且具有自身侧重的专业建筑领域；另一类以省市的建工集团为代表，利用地方优势占据了一定的市场份额。

二是集体与新兴的建筑企业。这些企业多数完成了民营化改制，实现了经营者、管理和技术骨干的持股，企业机制更具活力，在完全开放、竞争充分的环境中迅速发展。这些企业以中小型居多，从建筑施工起家，发展到建筑材料生产、钢结构生产和安装，到房地产开发及投资路桥、电厂、市政基础设施建设，再到其他多元发展，有的已成为具有一定实力的上市公司。

三是跨国公司。随着全球经济一体化的深入推进，跨国经营的国际知名承包商在全球建筑业高端市场占据优势。跨国公司凭借资本、技术、信息、装备等方面的优势，通过融投资与承建的联动，参与部分大型项目的竞争，抢占高端市场份额，但总体而言，跨国建筑公司在我国仍处于比较初级的发展阶段。近几年来，中国建筑业的竞争呈现三个特点。第一，完全竞争性行业。中国建筑业市场的准入门槛不高，建筑企业数量众多，经营业务单一，加之行业集中度低，市场竞争激烈，行业整体利润水平偏低。对小型项目和普通住宅来讲，市场的供给能力超过了需求，竞争更为激烈。大中型项目、技术含量高的项目相对而言，竞争程度相对较低，利润水平相对较高。第二，专业化分工不足，竞争同质化明显。中国建筑企业同质竞争严重，经营领域过度集中于相同的综合承包目标市场。与此同时，专业化建筑企业比例远低于发达国家水平，与建筑业多层次专业化分工承包生产的需求不相适应。第三，大型建筑企业的竞争优势较为明显。从总体上来看，占据较大市场份额的是具备技术、管理、装备优势和拥有特级资质的大型建筑企业。发达地区建筑强省的大中型建筑企业也占有一定的市场份额，主要承揽地区性大中型工程，其他中小企业则主要承担劳务分包、部分专业分包业务及小型工程。

第二节　土建类专业群"1+X 证书制度"的现状分析

一、证书种类丰富

土建类专业群的"1+X 证书制度"已经初步建立，涵盖了与土木工程相关的多个职业技能等级证书。例如，建筑施工、工程测量、结构工程技术等证书，可以提供学生在实践中所需的具体技能认证。

二、培训与教学资源支持

许多学校和职业教育机构提供与土建类专业相关的培训和教学资源，为学生提供实践机会和技能培训。这些资源的支持可以有助于学生在实践中获得相关的职业技能和经验，为其获得"1+X"证书提供基础。

三、评价标准和体系建设

土建类专业群正在建立相关的评价标准和体系，以评估学生在职业技能等级证书考核中的表现。这有助于提高评价的客观性和准确性，确保证书制度的有效性。

四、与行业需求的对接

土建类专业群的"1+X 证书制度"的试点工作与行业需求对接较为紧密。这意味着制订证书标准和培训内容时，与行业深入沟通和合作，确保证书的实用性和适应性。

尽管土建类专业群的"1+X 证书制度"已经取得一定的进展，但仍然存在一些挑战和问题。例如，标准的统一性和评价的公正性需要进一步加强，培训和教学资源的不平衡现象亟须解决，同时需要不断关注行业的发展和变化，及时调整证书体系，以适应行业需求的变化。

第五章

"岗课赛证"模块建筑识图课程内容建设研究

第一节 识图模块"岗课赛证"融合的改革思路

一、职业岗位对建筑工程识图能力的要求分析

"图纸是工程师的语言",用于表示建筑工程项目总体布局;建筑物的外部形状、内部空间布局、建筑构造、结构构造、内外装修、材料作法以及设备配置等工程技术信息,用于指导施工作业的图样,可划分为建筑施工图、结构施工图、给水排水施工图、采暖通风空调施工图、电气施工图等。识读建筑施工图是工程技术人员必须掌握的基本技能之一,识图能力的高低反映了其理解和实施工程的水平,建筑施工图识读能力主要面向建筑物生产参与者(包括房地产开发公司、建筑设计院、工程咨询公司、建筑工程施工企业、工程监理公司或项目管理公司等),在设计师、工程技术员、工程管理人员、工程咨询师等岗位,从事施工图设计与审核、工程技术与造价咨询服务、施工方案编制与施工组织、施工质量管理及竣工资料编制等工作时必不可少。在工程建设过程中,设计师通过设计施工图表达工程信息,BIM 建模员按图绘制建筑模型,施工员按图施工,造价员按图算量与计价,监理员按图监督工程质量。

二、职业技能大赛对建筑工程识图能力的要求分析

建筑工程识图职业技能竞赛主要以实践工程建设为主，根据国家建筑行业的标准，考察学生的专业基础能力和实际动手能力，需要学生具有良好的职业精神和专业能力。职业技能竞赛考核标准与有关课程和训练的知识、技能内涵有机结合，通过工程特色鲜明、职场氛围浓厚的竞赛内容再现真实的工作环境，考量学生领会设计任务书或设计变更文书、熟练与准确识读土建专业施工图及配套文本文件、根据给定的任务绘制建筑专业及结构专业施工图（竣工图）的能力，促进院校课程教学与岗位需求的有效对接。

三、1+X 职业技能等级证书对建筑工程识图能力的要求分析

建筑工程识图 1+X 证书将建筑工程识图职业技能划分为初、中、高三个等级。

初级要求能够按照工作任务要求，准确识读建筑投影、建筑构造、建筑施工图（多层建筑为载体）等工程图样；能根据制图标准，在掌握常用绘图命令的操作方法及绘图的一般步骤的基础上，利用建筑 CAD 绘图软件绘制简单的工程图样，可以在工作岗位从事施工组织、工程量计算等工作。

中级要求以中型工程施工图（不含人防设计）为载体，完整、熟练识读建筑施工图图纸信息；能发现图纸中存现的错误、缺陷、疏漏，能够准确阅读领会图纸会审纪要、设计变更单等资料，纠正建筑施工图；能按照任务要求、平面图、立面图的图纸信息，依据制图标准，补充绘制剖面图和绘制其他建筑施工图，可以在工作岗位从事施工图深化设计、施工质量管理、方案设计等工作。

高级要求能够以一套大型工程施工图（含人防设计）为载体，以职业岗位对建筑工程识图知识与技能的要求为标准、以实际工作程序和任务为序列、以现行国家规范及标准为依据，通过阅读图纸资料，按照专业应用完成相应的工作任务：建筑设计类专业学生能综合识读建筑施工图，其中包含能识读较复杂的建筑

详图，能绘制建筑施工图，能设计楼梯施工图；土建施工类专业学生能识读与绘制建筑施工图、结构施工图；建筑设备类专业学生能识读与绘制建筑施工图、设备施工图；三个专业方向学生都能够汇总、整理、归档和移交施工阶段的相关资料；能协助编制建筑工程竣工图；能够紧跟行业发展，不断获取新的技能与知识，并应用和迁移新知识、新技能；可以在工作岗位从事施工图初步设计、专业施工图设计等工作。

四、"岗课赛证"深度融合对建筑工程识图能力模块的要求分析

从实际工作岗位对建筑工程识图能力的需求出发，对接产业链组建专业群，理清专业群建筑工程识图课程体系与1+X建筑工程识图三级职业技能标准、建筑工程识图三级技能竞赛标准之间的关系，改革专业群培养建筑工程识图核心能力的路径，真正实现"岗课赛证"融合。专业群基层共享层面按照建筑工程识图1+X初级证书要求，设置识图基础模块课程，专业群的所有学生在学习了识图基础模块课程后，通过建筑CAD绘图竞赛选拔学生参加初级证书考核。专业群中层分设层面按照建筑工程识图1+X中级证书要求设置核心模块课程，分别是建筑设计、土建施工（结构）、建筑水暖、建筑电气四个方向的课程，不同专业的学生选择一个或多个方向参加中级证书考核，依据考核成绩组建省赛集训班。专业群拓展互选层面按照建筑工程识图1+X高级证书要求在众创空间或工作室开设识图提升模块课程，鼓励省赛集训班的学生选择一个方向参加高级证书考核，学校教师、企业师傅共同带领学生完成企业真实任务，通过真实任务提升训练选拔选手参加国赛和高级证书考核。

综上所述，专业群"岗课赛证"深度融合的改革思路如图5-1所示。

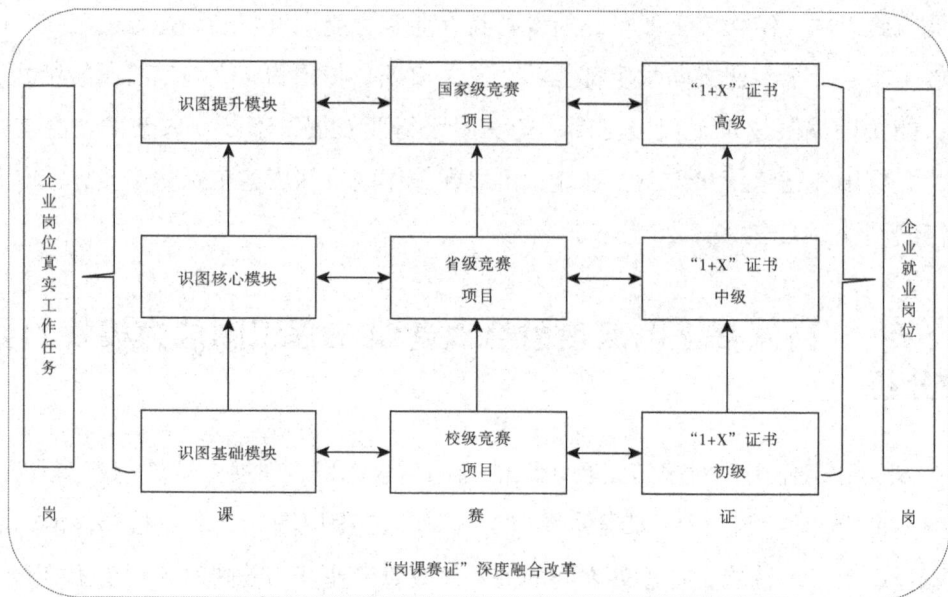

图 5-1 专业群"岗课赛证"深度融合的改革思路

第二节 识图模块"岗课赛证"融合的课程设置

以专业群"基层共享、中层分设、拓展互选"的课程体系构建原则，按照"识图"与"绘图"两个工作领域的能力要求、建筑工程识图初中高三个等级的职业技能等级标准、建筑工程识图校赛省赛国赛三级竞赛规程与学生的认知规律，整合建筑工程识图能力模块课程的教学内容，设置建筑工程识图能力模块课程体系。本节以专业群中建筑设计类和土建施工（结构）类两个方向为例，介绍建筑工程识图"岗课赛证"融合的课程设置，整体如图 5-2 所示。

1+X证书	课程设置	技能竞赛

第三阶段 识图提升模块

《混凝土结构与识图》
《安装工程识图》
《施工图会审》

高级（建筑设计方向） 建筑工程识图国赛

第三阶段 识图提升模块

《绿色建筑与建筑节能》
《安装工程识图》
《施工图会审》

高级（土建施工方向） 建筑工程识图国赛

第二阶段 识图核心模块

《建筑工程图设计与绘制》
《绿色建筑与建筑节能》
《建筑装饰施工图识图》

中级（建筑设计方向） 建筑工程识图省赛

第二阶段 识图核心模块

《地基与基础》
《混凝土结构与识图》
《钢筋工程量计算》
《钢筋翻样与算量实训》

中级（土建施工方向） 建筑工程识图省赛

第一阶段 识图基础模块

《建筑识图与构造》
《建筑CAD》

初级 建筑CAD校赛

图 5-2 "岗课赛证"融合的课程设置

一、基层共享"岗课赛证"融合的识图模块课程设置

专业群基层共享的识图模块课程，以一套小型建筑工程图样为载体，开设《建筑识图与构造》与《建筑CAD》，夯实投影、建筑制图标准、房屋构造组成、建筑CAD软件应用等识图、绘图基础能力。

二、中层分设"岗课赛证"融合的识图模块课程设置

专业群中层分设的识图模块课程，以一套中型工程施工图（不含人防设计）为载体，开设不同方向的识图核心模块课程。

（1）建筑设计类方向开设《建筑施工图设计与绘制》《绿色建筑与建筑节能》《建筑装饰施工图识图》等课程，完成建筑专业的识图及绘图任务，训练学生"能准确识读建筑设计总说明、建筑总平面图、平面图、立面图、剖面图、建筑详图等；能按照任务要求，应用 CAD 绘图软件绘制中型建筑工程建筑平面图、立面图、剖面图、建筑详图等"；

（2）土建施工（结构）类方向开设《地基与基础》《混凝土结构与识图》《钢筋工程量计算》《钢筋翻样与算量实训》等课程，训练学生"能结合建筑施工图，准确识读结构设计总说明、基础施工图、柱（墙）施工图、梁施工图、板施工图、结构详图等；能按照任务要求，应用 CAD 绘图软件绘制中型建筑工程基础施工图、柱（墙）施工图、梁施工图、板施工图、结构详图等"。

三、拓展互选"岗课赛证"融合的识图模块课程设置

专业群拓展互选的识图模块课程，以一套大型工程施工图（含人防设计）为载体，开设不同方向的识图提升模块课程。

（1）建筑设计类方向开设《混凝土结构与识图》《安装工程识图》《施工图会审》课程，训练学生"能结合结构及其他相关专业条件图，准确识读建筑设计总说明、建筑总平面图、平面图、立面图、剖面图、建筑详图等；能结合相关专业条件图，按照任务要求，应用 CAD 绘图软件绘制大型建筑工程建筑平面图、立面图、剖面图、建筑详图等"；

（2）土建施工（结构）类方向开设《绿色建筑与建筑节能》《安装工程识图》《施工图会审》，训练学生"能结合建筑施工图、相关专业条件图，准确识读结构设计总说明、基础施工图、柱（墙）施工图、梁施工图、板施工图、结构详图等；能结合相关专业条件图，按照任务要求，应用 CAD 绘图软件绘制大型建筑工程基础施工图、柱（墙）施工图、梁施工图、板施工图、结构详图等"。

第三节 识图模块"岗课赛证"融合的课程内容

建筑工程识图能力模块课程充分考虑"岗课赛证"融合，系统设计专业群各层级模块的课程：识图基础模块课程包括建筑投影知识应用、建筑制图标准应用等14个教学任务；识图核心模块建筑设计方向包括建筑施工图编制标准、建筑总平面图设计与绘制等15个教学任务，识图核心模块土建施工方向包括地质勘察报告阅读与应用、常见基础结构设计等20个教学任务；识图提升模块建筑设计方向包括认识钢筋和混凝土、认识建筑结构形式等16个教学任务，识图提升模块土建施工方向包括绿色建筑评价标准、常用绿色建筑技术等14个教学任务。

一、基层共享"岗课赛证"融合的识图课程内容设置

专业群基层共享开设识图基础模块课程，包括《建筑识图与构造》和《建筑CAD》。其中，《建筑识图与构造》的教学内容依托6个任务展开，《建筑CAD》的教学内容依托8个任务展开，具体内容见表5-1。

表5-1 识图基础模块课程内容设置

识图课程模块	职业技能等级	课程名称	教学内容参考
识图基础模块	初级	建筑识图与构造	任务1：建筑投影知识应用；任务2：建筑制图标准应用；任务3：识读建筑设计说明及其他文件；任务4：识读建筑平面图；任务5：识读建筑立面图；任务6：识读建筑剖面图
		建筑CAD	任务1：设置绘图环境；任务2：绘制三面投影图；任务3：绘制轴测图；任务4：绘制建筑平面图；任务5：绘制建筑立面图；任务6：绘制建筑剖面图；任务7：设置绘图设备与打印样式；任务8：虚拟打印输出

二、中层分设"岗课赛证"融合的识图课程内容设置

专业群中层分设开设建筑设计方向和土建施工方向识图核心模块课程，建筑设计方向课程包括《建筑施工图设计与绘制》《绿色建筑与建筑节能》和《建筑

装饰施工图识图》，教学内容依托 15 个任务展开；土建施工方向课程包括《地基与基础》《混凝土结构与识图》《钢筋工程量计算》《钢筋翻样与算量实训》等课程，教学内容依托 20 个任务展开，具体内容见表 5-2。

表 5-2 识图核心模块课程内容设置

识图课程模块	职业技能等级	课程名称	教学内容参考
识图核心模块	中级（建筑设计方向）	建筑施工图设计与绘制	任务 1：建筑施工图编制标准；任务 2：建筑总平面图设计与绘制；任务 3：建筑平面图、立面图、剖面图设计与绘制；任务 4：外墙详图、屋顶平面图、楼梯详图设计与绘制
		绿色建筑与建筑节能	任务 1：绿色建筑评价标准；任务 2：常用绿色建筑技术；任务 3：建筑节能技术；任务 4：建筑节能设计与识图；任务 5：建筑节能设计软件应用；任务 6：住宅建筑设计专题实训
		建筑装饰施工图识图	任务 1：现场踏勘与测绘；任务 2：识读装饰平面、立面、剖面图；任务 3：识读装饰设备施工图；任务 4：识读幕墙装饰工程施工图；任务 5：深化绘制成套建筑装饰施工图
	中级（土建施工方向）	地基与基础	任务 1：地质勘察报告阅读与应用；任务 2：常见基础结构设计；任务 3：地基的常用处理技术和应用；任务 4：深基坑支护的结构处理；任务 5：识读常见基础施工图
		混凝土结构与识图	任务 1：认识钢筋、混凝土及建筑结构；任务 2：识读钢筋基本参数与结构设计说明；任务 3：识读柱施工图；任务 4：识读梁施工图；任务 5：识读板施工图；任务 6：识读楼梯施工图；任务 7：识读剪力墙施工图
		钢筋工程量计算	任务 1：计算柱（墙）钢筋工程量；任务 2：计算梁钢筋工程量；任务 3：计算板钢筋工程量；任务 4：计算楼梯钢筋量；任务 5：计算基础钢筋量
		钢筋翻样与算量实训	任务 1：绘制柱立面钢筋布置图并计算工程量；任务 2：绘制梁纵向钢筋布置图并计算工程量；任务 3：绘制板截面配筋详图并计算工程量

三、拓展互选"岗课赛证"融合的识图课程内容设置

专业群拓展互选开设建筑设计方向和土建施工方向识图提升模块课程，建筑设计方向课程包括《混凝土结构与识图》《安装工程识图》和《施工图会审》，教学内容依托 16 个任务展开；土建施工方向课程包括《绿色建筑与建筑节能》

《安装工程识图》和《施工图会审》课程，教学内容依托 14 个任务展开。具体内容见表 5-3。

表 5-3 识图提升模块课程内容设置

识图课程模块	职业技能等级	课程名称	教学内容参考
识图提升模块	高级（建筑设计方向）	混凝土结构与识图	任务 1：认识钢筋和混凝土；任务 2：认识建筑结构形式；任务 3：认识建筑抗震；任务 4：识读柱（墙）、梁、板类型及配筋；任务 5：识读楼梯的类型与配筋；任务 6：识读基础的类型与配筋
		安装工程识图	任务 1：识读给排水平面图与系统图；任务 2：识读给排水详图；任务 3：识读采暖平面图与系统图；任务 4：识读给采暖详图；任务 5：识读通风与空调平面图、详图；任务 6：识读电气平面图与系统图；任务 7：识读电气详图
		施工图会审	以一套大型工程施工图（含人防设计）为载体，阅读给定的建筑工程施工图纸、图纸会审记录、设计变更等资料；任务 1：图纸自审；任务 2：图纸模拟会审；任务 3：识图综合测试与建筑绘图
	高级（土建施工方向）	绿色建筑与建筑节能	任务 1：绿色建筑评价标准；任务 2：常用绿色建筑技术；任务 3：建筑节能技术；任务 4：建筑节能识图
		安装工程识图	任务 1：识读给排水平面图与系统图；任务 2：识读给排水详图；任务 3：识读采暖平面图与系统图；任务 4：识读给采暖详图；任务 5：识读通风与空调平面图、详图；任务 6：识读电气平面图与系统图；任务 7：识读电气详图
		施工图会审	以一套大型工程施工图（含人防设计）为载体，阅读给定的建筑工程施工图纸、图纸会审记录、设计变更等资料；任务 1：图纸自审；任务 2：图纸模拟会审；任务 3：识图综合测试与结构绘图

第六章

"岗课赛证"的教学团队建设

建筑施工图识图能力是土建类岗位群必备的核心职业能力之一，建筑施工图识图被纳入国家第三批"1+X 证书制度"试点工作。建筑工程识图"1+X"职业技能等级标准将识图职业技能划分为初、中、高三个等级，其中，中级和高级又分别按照专业的不同划分为建筑设计专业、土建施工（结构）类专业、建筑水暖类专业和建筑电气类专业。土建类专业群亟须基于"1+X 证书制度"试点工作组建一支教师教学创新团队，既符合职业教育模块化教学模式改革的新要求，又能够夯实复合型技术技能人才岗位核心能力。

第一节 高职院校师资队伍的建设现状

师资队伍建设是教育质量提升的关键因素和前提条件，师资队伍的水平决定了人才培养的质量。2019 年 3 月，教育部、财政部发布《关于实施中国特色高水平高职学校和专业建设计划的意见》（教职成〔2019〕5 号），《意见》提出了"双高"计划的指导思想、总体目标和改革任务。《广西壮族自治区教育厅广西壮族自治区财政厅关于实施广西高水平高职学校和高水平专业建设计划的通知》提出了深入贯彻教职成〔2019〕5 号等精神，推进高水平高职学校和高水平专业建设的指导思想、基本原则、建设目标和建设任务。从国家到地方的"双高计划"，都强调了要以习近平新时代中国特色社会主义思想为指导，到 2035 年建成一批高水平高职学校和高水平专业群，都将"打造高水平双师队伍"写入其中。在"双高计划"建设背景下，高水平师资队伍建设显得尤为必要和紧迫。

职业教育教师资格标准缺失。长期以来，职业教育缺少独立的教师资格标准，资格准入相当宽泛。虽然早在 2006 年就要求"逐步建立'双师型'教师资格认证体系，研究制订高等职业院校教师任职标准和准入制度"，但截至目前，高职院校教师任职标准依然参照本科院校执行，很大程度上影响了高职院校教师队伍建设的专业化进程。20 世纪 90 年代末，本科院校大办高职教育的时期，往往是二级院系不续聘的教师被安排到职教学院任职。反观职业教育发达的国家，对高职教师的要求相当严格。如德国《联邦职业教育法》规定"只有具备相应的人品和专业资质者，才能教育受教育者"，还对"人品资质"和"专业资质"做了具体规定。在澳大利亚，则要求高职教师必须取得培训行业四级以上的证书，而即使是具有丰富工作经验的人，要获得这样的认证也必须经过一系列的培训学习与考核，培训时间一般要在一年以上。

高职教师专业技术职务（职称）评聘导向有失偏颇。教师职称是对教师业务成绩与能力的一种证明，也是引导教师专业发展方向的指挥棒。当前，全国大部分省（区、市）一直沿用普通高校职称评审体系开展高职教师的职称评审工作，容易将高职骨干教师的注意力和努力方向引向学术论文和纵向课题。高职教师本应倡导的应用技术研发与成果转化、技术技能积累与创新、社区教育与终身学习服务、服务企业特别是中小微企业的技术研发和产品升级无一例外地被严重削弱。

高技能人才到高职院校兼职的政策渠道不畅。各级政府一直提倡高职院校要"增加专业教师中具有企业工作经历的教师比例"。为此，高职院校一方面根据《现代职业教育体系建设规划（2014—2020 年）》关于"专业教师每两年专业实践的时间累计不少于两个月"的要求，安排专业教师到企业顶岗实践，积累实际工作经历，提高实践教学能力；另一方面，积极引进具有企业实际工作经历的能工巧匠担任专任教师，以改善专任教师队伍结构。但在实际中，企业编制几乎无法转为事业编制。这已经那些成为在企业资历较深的高技能人才转为专任教师时一道不可逾越的门槛，导致高职院校很难从企业引进亟须的人才。而如果仅仅是兼职聘请，又难以保证外聘教师全身心地投入学校工作。这种政策阻碍也使得关于"新增教师编制主要用于引进有实践经验的专业教师"的要求在现实中难以落实。

师资结构距离技术技能积累的要求差距大。《国务院关于加快发展现代职业教育的决定》首次提出"技术技能积累"概念，要求"强化职业教育的技术技能积累作用""促进技术技能的积累与创新"，以一个从未有过的高度将职业教育与经济活动中最活跃的因素结合起来，对职业教育在促进经济社会发展中的作用给予了更高的期望。要实现现实中的技术技能积累，学校就必须实际拥有掌握技术技能的人才，这在当下已属不易。但这还不是技术技能积累的全部，关键是通过积累的"量变"实现创新的"质变"，从技术技能的跟随者逐步过渡到技术技能的引领者。要实现这一目标，高职院校教师队伍的不足显而易见。

对高职院校师资队伍建设中存在的诸多问题，认识不到位造成的制度不完善是主要原因，除此之外，学校内部师资队伍建设也存在诸多不足。

（1）"双师型"教师企业实践经验缺乏，达不到"高水平"标准。

（2）教学团队结构不尽合理，不符合"结构化"要求。现阶段高职院校的教师团队中大多数是由校内专任教师组成，缺少真正的技术骨干、行业专家。

（3）教师培养缺少动态管理和考核激励机制。"双师型"教师的培养不是一次性的资质培养，而是具有动态性、长期性的规划性培养工程。但目前大多数院校的"双师型"教师培养缺少过程监控和动态管理，培训和提升计划也基本处于停停走走的状态，没有长效提升的机制保障。

第二节 教师教学创新团队建设的现状分析

2019年1月，国务院颁布的《国家职业教育改革实施方案》指出，要探索组建高水平、结构化教师教学创新团队，教师分工协作开展模块化教学，实现分专业建设一批国家级职业教育教师教学创新团队的目标。2019年5月，教育部发布了《全国职业院校教师教学创新团队建设方案》，提出经过3年左右的培育和建设，要打造360个满足职业教育教学和培训实际需要的高水平、结构化的国家级团队。2020年9月，教育部等九部门发布的《职业教育提质培优行动计划（2020—2023年）》的通知中，再次把"遴选360个国家级教师教学创新团队"作为一项重要建设任务。

一、国家首批立项建设教师教学创新团队情况分析

2019年8月，《教育部关于公布首批国家级职业教育教师教学创新团队立项建设单位和培育建设单位名单的通知》公示了首批120个国家级职业教育教师教学创新团队立项建设单位和2个培育建设单位，各获批建设单位专业领域、所对应"1+X"证书、获批数量、对应专业等情况如表6-1所示。

（1）分析可知，创新团队所属的15个专业领域大多数都能与第1、2批"1+X"证书对应，有的是直接对应，如专业领域"Web前端开发"对应第1批"1+X"证书中的"Web前端开发"，专业领域"建筑信息模型制作与应用"对应第1批"1+X"证书中的"建筑信息模型（BIM）"，这说明在首批国家级职业教育教师教学创新团队评选中特别关注学历证书与职业技能等级证书融通的情况。

（2）少数创新团队所属的专业领域虽不能与第1、2批"1+X"证书对应，但也能在第3、4批中找到对应的"1+X"证书，有的是可以对应多个证书，这说明基于课证融通建立创新团队的意义重大，随着"X"证书的增多，如何依托课证融通的模块化课程体系打造高水平、结构化的团队是问题的关键。

表6-1　首批国家级职业教育教师教学创新团队分析表

序号	获批专业领域	可对应的"1+X"证书名称	获批数量	对应专业
1	工业机器人应用与维护	第2批"工业机器人操作与运维""工业机器人应用编程"，第3批"工业机器人集成应用"，第4批"工业机器人产品质量安全检测"等	北京工业职业技术学院等20所	机电一体化技术、工业机器人技术等
2	Web前端开发	第1批"Web前端开发"，第4批"Web安全测试"等	常州信息职业技术学院等3所	软件技术
3	人工智能技术与应用	第4批"人工智能语音应用开发""人工智能深度学习工程应用""人工智能数据处理""人工智能系统平台实施""人工智能前端设备应用"等	郑州铁路职业技术学院等6所	计算机应用技术、软件技术

序号	获批专业领域	可对应的"1+X"证书名称	获批数量	对应专业
4	云计算与大数据运用	第2批"云计算平台运维与开发",第3批"大数据分析与应用""云计算开发与运维"等	北京信息职业技术学院等5所	大数据技术与应用、计算机网络技术等
5	航空装备技术与应用	第3批"航空器灭火救援与救护",第4批"航空发动机修理""航空柔性加工生产线管控与操作""民用航空器航线维修""旅客登机桥维修""民用机场航班地面保障"等	长沙航空职业技术学院等3所	飞行器维修技术、飞机机电设备维修
6	汽车运用与维修（含新能源汽车）	第1批"汽车运用与维修",第4批"新能源汽车装调与测试"等	天津市职业大学等12所	汽车运用与维修技术、汽车检测与维修技术等
7	建筑信息模型制作与应用	第1批"建筑信息模型(BIM)"	石家庄职业技术学院等12所	建筑工程技术、建筑设计等
8	物联网技术	第2批"传感器应用开发",第3批"物联网智能家居系统集成和应用",第4批"物联网智能终端开发与设计"等	无锡职业技术学院等6所	物联网应用技术、电子信息工程技术等
9	化工与制药技术	第4批"化工精馏安全控制""化工设备检维修作业"等	天津现代职业技术学院等10所	药品生产技术、石油化工技术等
10	新能源与环保技术	第3批"污水处理",第4批"新能源充电设施安装与维护"等	天津轻工职业技术学院等8所	光伏发电技术与应用、环境工程技术等
11	电子商务	第2批"电子商务数据分析""网店运营推广",第4批"跨境电子商务多平台运营"等	黑龙江农业经济职业学院等9所	电子商务
12	现代物流管理	第1批"物流管理",第4批"智慧物流装备应用"等	北京财贸职业学院等10所	物流管理
13	养老服务	第1批"养老照护",第2批"1+X"证书"失智老年人照护",第4批"老年慢病膳食调理"等	北京劳动保障职业学院等9所	老年服务与管理、护理
14	家政服务	第2批"母婴护理",第3批"高端家政"等	岳阳职业技术学院	护理（母婴护理方向）
15	幼儿保育与学前教育	第3批"幼儿照护",第4批"3~6岁幼儿保育教育"等	徐州幼儿师范高等专科学校等8所（含2所培育）	学前教育

二、国家第二批教师教学创新团队建设分析

按照《教育部教师工作司关于遴选第二批国家级职业教育教师教学创新团队的通知》文件精神，国家第二批教师教学创新团队申报是以《国民经济和社会发展第十四个五年规划和 2035 年远景目标纲要》为主要依据，聚焦现代农业、先进制造业、现代服务业、战略性新兴产业，在申报条件中提出了养老育幼、新能源汽车和智能汽车等 28 个具体领域方向，遴选了 495 个中职、高职专科和高职本科专业作为申报专业目录。

2021 年 7 月，教育部发布了《教育部教师工作司关于第二批国家级职业教育教师教学创新团队遴选结果的公示》，最终公示了 240 个立项建设单位名单和 2 个培育建设单位名单，包含了 14 个专业领域，如表 6-2 所示。

表 6-2　第二批国家级职业教育教师教学创新团队分析表

序号	专业领域	专业名称	获批数量
1	财经商贸	现代物流管理、供应链运营、电子商务、跨境电子商务、商务数据分析与应用、网络营销与直播电商、财税大数据应用	山东商业职业技术学院等 19 所
		电子商务、物流服务与管理	山东省潍坊商业学校等 7 所
2	高端装备	机械电子工程技术、机电一体化技术、数字化设计与制造技术、智能制造装备技术，电气自动化技术、工业机器人技术、智能控制技术、智能焊接技术、机械设计制造及其自动化、新能源装备技术	南京工业职业技术大学等 34 所
		工业机器人技术应用、机电技术应用、电气设备运行与控制、工业自动化仪表及应用	上海信息技术学校等 10 所
3	航空航天和海洋装备	船舶动力工程技术、船舶工程技术、飞机机电设备维修、无人机应用技术	江苏航运职业技术学院等 7 所
4	现代交通运输	智能网联汽车技术、汽车电子技术、新能源汽车技术、新能源汽车检测与维修技术、汽车制造与试验技术、铁道机车运用与维护、城市轨道车辆应用技术、动车组检修技术、城市轨道交通工程技术、铁道工程技术、高速铁路施工与维护、城市轨道交通运营管理、铁道车辆技术、铁道交通运营管理	湖南汽车工程职业学院等 25 所
		新能源汽车运用与维修、汽车制造与检测、新能源汽车制造与检测	北京市昌平职业学校等 6 所

序号	专业领域	专业名称	获批数量
5	新一代信息技术	大数据技术、云计算技术应用、物联网应用技术、数字媒体技术、信息安全技术应用、软件技术、集成电路技术、智能光电技术应用、人工智能技术应用、动漫制作技术、现代移动通信技术、现代通信技术	温州职业技术学院等34所
		数字媒体技术应用、物联网技术应用、大数据技术应用	山东省淄博市工业学校等6所
6	卫生健康服务	食品检验检测技术、食品质量与安全、中药学、中医学、护理、智慧健康养老服务与管理、助产、婴幼儿托育服务与管理	日照职业技术学院等16所
7	绿色环保	园林技术、环境管理与评价、环境工程技术、林业技术、水生态修复技术	潍坊职业学院等11所
		环境监测技术	杭州市中策职业学校
8	新能源与新材料	高分子材料智能制造技术、钢铁智能冶金技术、新型建筑材料技术、建筑材料工程技术、风力发电工程技术、分布式发电与智能微电网技术	湖南化工职业技术学院等8所
9	生物化工	药品生物技术、绿色生物制造技术、生物制药技术	北京电子科技职业学院等5所
		生物制药工艺	上海市医药学校
10	现代农业	现代农业技术、现代农业经济管理、种子生产与经营、畜牧兽医、宠物养护与驯导、动物医学	江苏农林职业技术学院等10所+1所培育
		畜禽生产技术、作物生产技术	重庆市荣昌区职业教育中心等2所
11	土木建筑	城乡规划、市政工程技术、给排水工程技术、智能建造技术、装配式建筑工程技术、土木工程检测技术	湖南城建职业技术学院等10所
		给排水工程施工与运行、装配式建筑施工	重庆工商学校等3所
12	文体旅游	旅游管理、餐饮智能管理、烹饪与餐饮管理、智慧景区开发与管理、酒店管理与数字化运营、研学旅行管理与服务、运动训练、文化创意与策划、文物修复与保护	广西师范大学等14所+1所培育
		旅游服务与管理、高星级饭店运营与管理	沈阳市旅游学校等3所
13	公共管理与服务	安全技术与管理	福建船政交通职业学院

续表

序号	专业领域	专业名称	获批数量
14	卫生健康服务	康复治疗技术	陕西能源职业技术学院等2所
		食品安全与检测技术、护理、中药	上海市贸易学校等5所

第三节 高职院校师资队伍的建设要求

2012到2021年的近十年间，国家出台了大量关于师资队伍建设的大政方针。

2012年，国务院出台《加强教师队伍建设的意见》（国发〔2012〕41号），提出"职业学校教师队伍建设要以双师型教师为重点，完善双师型教师培养培训体系，健全技能型人才到职业学校从教制度，高等学校教师队伍建设要以中青年教师和创新团队为重点，优化中青年教师成长发展、脱颖而出的制度环境，培育跨学科跨领域的科研与教学相结合的创新团队"。

2015年10月，教育部发布的《高等职业教育创新发展行动计划（2015—2018年）指出：要围绕提升专业教学能力和实践动手能力，健全专科高等职业院校专任教师的培养和继续教育制度。高职教育培养的是适合社会和企业需求的高端技术技能型人才，而高职教育人才培养的关键和基石就是师资力量，高职院校唯有打造一支专业优秀、技能过硬的教师队伍，才能担负起培养合格人才的重任。

《国务院关于加快发展现代职业教育的决定》中明确提出：要建设专兼结合的"双师型"教师队伍，实施教师专业标准，落实教师企业实践制度，完善企业工程技术人员、高技能人才到职业院校担任专兼职教师的相关政策等。将高职教育建设成符合中国特色，突出职教性、彰显高教性、凸显行业性的现代职业教育体系，满足新时代诉求，其核心就在于高职师资队伍的建设。

2017年3月，教育部印发的《关于实施职业院校教师素质提高计划的意见（2017—2020年）》提出要"造就一支师德高尚、素质优良、技艺精湛、结构合理、专兼结合的高素质专业化'双师型'教师队伍"。"2017 ~ 2020 年，组织职业院校教师校长分层分类参加国家级培训，带动地方有计划、分步骤实施 5 年一周期的教师全员培训，提高教师'双师'素质和校长办学治校能力；支持开展中职、高职、应用型高校教师团队研修和协同创新，创建一批中高级教师专业技能创新示范团队；推进教师和企业人员双向交流合作，建立教师到企业实践和企业人才到学校兼职任教常态化机制……进行不少于 4 周的专项培训，重点提升教师的理实一体教学实践技能，信息技术应用能力等'双师'素质。"

2019 年，教育部等四部门联合印发关于《深化新时代职业教育"双师型"教师队伍建设改革实施方案》的通知，指出"教师队伍是发展职业教育的第一资源，是支撑新时代国家职业教育改革的关键力量。建设高素质'双师型'教师队伍（含技工院校'一体化'教师，下同）是加快推进职业教育现代化的基础性工作"，方案总体要求与目标是"突出'双师型'教师个体成长和'双师型'教学团队建设相结合，提高教师教育教学能力和专业实践能力，优化专兼职教师队伍结构，大力提升职业院校'双师型'教师队伍建设水平"。

2018 年，中共中央、国务院印发了《关于全面深化新时代教师队伍建设改革的意见》，这是新中国成立以来党中央出台的第一个专门面向教师队伍建设的里程碑式政策文件，要求到 2022 年，职业院校"双师型"教师占专业课教师的比例超过一半，建设 100 家校企合作的"双师型"教师培养培训基地和 100 个国家级企业实践基地，建成 360 个国家级职业教育教师教学创新团队，保障"1+X"证书制度试点工作，辐射带动各地各校"双师型"教师队伍建设，为全面提高复合型技术技能人才的培养质量提供强有力的师资支撑。方案中提出了一整套教师标准体系、两项基本制度、三项保障机制和四大举措提高"双师"素质。

第四节 高职院校专业群师资队伍的建设路径

打造一支高质量的专业群教师队伍，是需要政府、企业、学校三方共同参与、协同推进。在国家层面上，高质量专业群教师队伍的建立，需要强有力的法律制度作保障，构建高职院校教师队伍法律保障框架，针对高职院校教师工作的特殊性等特点，着力营造良好的教师队伍培育环境，积极推进教师队伍建设向制度化、法制化方向发展，形成多层次、全方位的培养培训体系，提升职业院校教师队伍的整体素质和建设水平。在学校内部，专业群内部师资队伍组建应该打破传统教师分属不同教学单位的固化设置，通过建立高效团队合作机制，激励教师挂职和定岗的机制，激励教师到一线岗位锻炼，增强其社会服务能力。在专业群教师的培养机制上，建设专业群优质资源共享平台，规划专业教师的职业生涯方向，分层次制订教师培训制度，探索校企"互聘、互兼"双向交流机制，促进专业骨干教师积累企业工作经历、提升工程实践能力，构建教师发展性评价体系，完善绩效评价制度。

一、宏观层面，完善教师资格标准和职称评审制度

2019 年 1 月 24 日公布的《国家职业教育改革实施方案》明确指出，要发挥标准在职业教育质量提升中的基础性作用。按照专业设置与产业需求对接、课程内容与职业标准对接、教学过程与生产过程对接的要求，完善中等、高等职业学校设置标准，规范职业院校设置；实施教师和校长专业标准。《现代职业教育体系建设规划（2014—2020 年）》更是要求"根据职业教育的特点完善教师资格标准、专业技术职务（职称）评聘办法"。

因此，要加速教育主管部门职能转变，加快完善包括高职院校教师的职业教育教师资格标准，建立高职教师准入制度和标准。针对高职教师的特点和业务导向，制订并执行专门的职业教育专业教师技术职务（职称）评聘办法，实行教师专业技术职务分类评审制度，解决高职教师资格标准和发展。

二、中观层面，加强系统培训，培育一批职业教师培训实训基地，强化培训质量

2016 年 10 月，《教育部财政部关于实施职业院校教师素质提高计划（2017—

2020年.）的意见》明确提出："组织职业院校教师、校长分层分类参加国家级培训，带动地方有计划、分步骤实施五年一周期的教师全员培训，提高教师'双师'素质和校长办学治校能力；支持开展中职、高职、应用型高校教师团队研修和协同创新，创建一批中高职教师专业技能创新示范团队；推进教师和企业人员双向交流合作，建立教师到企业实践和企业人才到学校兼职任教常态化机制，通过示范引领、创新机制、重点推进、以点带面，切实提升职业院校教师队伍整体素质和建设水平，加快建成一支师德高尚、素质优良、技艺精湛、结构合理、专兼结合的高素质专业化的'双师型'教师队伍。"同时，制订了"一揽子"各类人员的培训计划，通过专业带头人领军能力研修计划，重点提升教师的团队合作能力、应用技术研发与推广能力、课程开发技术、教研科研能力，培养一批具备专业领军水平、能够传帮带培训教学团队的"种子"名师。通过"双师型"教师专业技能培训，重点提升教师的理实一体教学能力、专业实践技能、信息技术应用能力等"双师"素质。通过优秀青年教师跟岗访学，全面参与培训院校教育教学实践和管理工作，帮助教师更新教育理念，提升教学能力、研究能力和管理能力，解决教育教学中的实际问题。通过卓越校长专题研修，围绕集团化办学、校企合作、现代学徒制、学校治理、中高职衔接、专业设置与建设、教师队伍建设等内容，重点提高校长改革创新意识、决策领导能力、依法办学和治校能力，为各地培养一批具有较高知名度、精通现代学校治理的教育家型名校长。同时，《教育部财政部关于实施职业院校教师素质提高计划（2017—2020年）的意见》还推出了六个项目。

（1）中高职衔接专业教师协同研修。遴选国家级（省级）中高职示范学校具有教学专长的专业带头人、教学名师等主持建立"双师型"名师工作室，牵头组织区域内学校中高职衔接专业教师，采取集中面授和网络研修相结合的方式，开展为期不少于四周的团队研修。重点开展理实一体课程开发、行动导向的教学实践与演练、教科研交流与项目合作，协同提升教师实践教学能力、科研教研能力、研究协作能力等，共同研究开发中等和高等职业教育人才持续培养课程、教材及数字化资源。

（2）紧缺领域教师技术技能传承创新。面向装备制造、高新技术、传统（民族）技艺等紧缺专业，遴选具备条件的优质职业院校、应用型高校、职教师资培养培训基地，建立教师技艺技能传承创新平台，组织具有绝招绝技的技能名师、兼职教师领衔，采取集中面授、项目合作研发相结合的方式，面向区域内中高职教师开展为期不少于四周的技术技能实训。重点开展新技术技能的开发与应用、传统（民族）技艺传承、实习实训资源开发、创新创业教育经验交流，提升教师专业实践操作技能、技术应用与创新能力等。

（3）骨干培训专家团队建设。面向承担计划任务的单位、基地管理人员和专兼职培训者，采取集中面授、网络研修、课题研究相结合的方式，开展为期不少于两周的培训组织实施能力专项研修，提升培训者的培训需求诊断能力、教学设计实施能力、课程与数字化资源开发能力、核心技能创新与推广能力、工作室（平台）主持能力和绩效考核评估能力。

（4）选派教师到企业实践。采取考察观摩、技能培训、跟岗实习、顶岗实践、在企业兼职或任职、参与产品技术研发等形式，组织职业院校专业课教师开展为期不少于四周的企业实践。重点学习掌握产业结构转型升级及发展趋势、前沿技术研发、关键技能应用等，以及企业的生产组织方式、工艺流程、岗位（工种）职责、操作规范、技能要求、用人标准、管理制度、企业文化、应用技术需求等内容，推进企业实践成果向教学资源转化，结合实践改进教学方法和途径，发掘学校技术服务企业发展的方式和途径。各地要遴选代表行业先进水平、有较强影响力、覆盖专业面广的企业，完善校企共建教师企业实践流动岗（工作站）机制，支持企业常设一批教师企业实践岗位。

（5）校企人员双向交流合作。各省（区、市）要联合行业组织，遴选、建设教师企业实践基地和兼职教师资源库，将实施教师企业实践和兼职教师聘用有效对接，完善教师定期到企业实践、企业人员到学校兼职任教的校企人才双向交流机制，促进产教深度融合。

（6）设立兼职教师特聘岗。重点面向战略性新兴产业、高新技术产业等国家亟特需专业及技术技能积累、民族文化传承与创新等方面专业，支持职业院校设立一批兼职教师特聘岗位，聘请企业高技能人才工程管理人员、能工巧匠等到学校任教，兼职教师每人每学期任教时间不少于 80 学时。各地要建立本地区对接产业、实时更新、动态调整的兼职教师资源库，开展兼职教师教育教学能力岗前培训，支持兼职教师参与"双师型"名师工作室建设、校本研修、产学研合作研究等。各地根据本地区的实际需要、行业特点、人力资源成本等，具体确定兼职教师聘用人数和补贴标准。

三、微观层面，正确引导"双师型"教师教学创新团队建设

《国家示范性高等职业院校建设计划管理暂行办法》明确规定"中央专项资金用于师资队伍建设部分的经费一般不超过中央专项资金总额的 15%"，假设一个项目，中央财政平均每校实际投入 2000 万元，照此计算，建设院校三年建设期内可用于教师培训的经费为 300 万元，很好地保证了国家示范性高职院校建设项目重点建设专业的教师培训，但该政策能否持续也引起高职院校的担忧。因此，一方面，尽快落实《国务院关于加快发展现代职业教育的决定》关于"各级人民政府要建立与办学规模和培养要求相适应的财政投入制度，地方人民政府要依法制定并落实职业院校生均经费标准或公用经费标准"的要求，克服高职院校办学经费不足的瓶颈，保证高职院校的办学质量；另一方面，由于高职院校教师学历层次已得到显著提升，提高教师的教育教学水平，特别是实践教学和课程设计开发能力则应成为高职院校专业骨干教师培训的主要内容。正确引导"双师型"教师教学创新团队建设，教师从事应用技术研究与创新。高等学校"人才培养、科学研究、社会服务"的基本职能对高职院校依然适用，但这里的"科学研究"应定位为"重点服务企业特别是中小微企业的技术研发和产品升级"，这也是高职院校实现技术技能积累的必由之路。对此，高职院校应提前规划，在学校内部制度设计中积极引导教师从事应用技术研究与创新。同时，处理好人才培养与科学研究的关系，使高职教师的应用技术研究与技术技能人才培养紧密结合，提高高职院校社会服务的技术含量和附加值，提升高职院校的专业教师和毕业生在行业中的影响力。

（一）健全"双师型"团队建设和管理制度，形成保障机制

专业群内部师资队伍组建应该打破传统教师分属不同教学单位的固化设置，同时针对"双师型"教师培养过程中存在的结构性、动态性、激励性等方面的不足，需要建立高水平"双师型"教师认定、引进、培养和评价全链条工作机制；制订"双师型"教学团队组建制度、管理制度、研修制度、动态调整制度和奖惩制度等系列管理制度；形成教师团队成员选拔、培养、考核、晋升系统，并持续优化团队结构，保障团队建设的健康、有序成长。

1.聘引并进，改善"双师型"教师团队结构

以直接考察、公开招聘、按需设岗、精准引进的方式落实引培计划，改善团队结构。例如，直接引进技能名师、聘任技能大师和技术专家担任兼职专业带头人，引导企业大师带项目进校建立工作室，开展新技术应用项目研发、产品技术创新、技艺传承、实习实训资源开发等活动，提高团队的专业技术技能水平和技术攻关能力。

2.过程和结果考核并重，完善评价标准

完善教学创新团队岗位聘任标准、制订专任教师职业发展规划和教师企业顶岗实践计划，实现专业教师每三年到企业轮训一次的目标；对"双师型"教师培养实施过程监控和结果考核相结合，构建以职教从教时间分类为基础的多层次绩效考核指标体系，形成学校内考核标准，形成能进能出、可上可下的教师聘用机制，从而构成团队成员选拔、培养、考核、晋升有机系统，保障高水平、结构化团队建设成效，持续优化团队结构。

（二）开展分层分类教师培养工程，打造高水平团队

根据团队中不同层次、不同教育背景、不同岗位、不同职业经历的人员，开展不同类型的技能培养和强化。横向按专业带头人、骨干教师、青年教师、产业导师四个层面；纵向分教师专业发展能力、实践创新能力、信息技术应用能力、教学研究能力、社会服务能力、国际交流合作能力等六个方面，实施有针对性的按需培养、分层分类技能提高计划。

1. 精准分层培养教师，锤炼技艺技能

其一，实施领军人才和专业带头人"精英"引培工程。通过专业带头人参与行业标准制订、重大项目论证、专家智库指导咨询等活动，提升专业水平，打造行业权威，发挥名师领航作用。

其二，实施骨干教师"精技"提升工程。通过骨干教师参加工艺开发、产品研发、技术难题攻关、国外研修、国（省）培进修等培训等专项任务，提升骨干教师实践能和教学水平，夯实中坚支撑实力。

其三，实施青年教师"琢业"成长工程。依托学校教师发展中心，启动青年教师教科研能力提升系列培训活动，建立青年教师专业发展成长档案，参加企业的专业岗位资质认证培训，鼓励教师参与产品研发和技术培训、技术论坛交流，培养具有创新能力和发展潜力的青年后备人才，积蓄团队的长足发展能力。

其四，实施兼职教师和产业导师"琢艺"建设工程。引导企业大师带项目进校建工作室，聘请行业企业高端技术人才和管理人员担任产业导师，参与专业人才培养方案的制订，聘请企业技术工程师担任企业课程和顶岗实习指导教师，专兼教师结成互补对子，专任教师开展"强技"训练，兼职教师实现"琢艺"提升（向校内教师学习上课的技巧和艺术），从而优化专兼互补结构。

2. 有效分类提升教师技能，打造工匠之师

其一，以技能大赛指导教师及具有专项技能、能解决关键性技术难题等的技能人才为师傅主体，选拔、推荐青年教师、新入职教师与师傅结成师徒对子，准确定位徒弟的培养方向，严格考核培养成效，按照"缺什么、教什么、学什么、练什么"原则，通过师徒共同开展教学资源建设、教科研、技术服务、开展青年教师讲课比赛、教案交流、现场观摩比赛、教学展览和教学质量评估等"传帮带"活动，提升青年教师的专业实践技能和教学能力。

其二，采取多种技术力量、多种技术人员的协同工作开展教学项目建设和教学改革研究，有效促进彼此学习、相互促进、共同提升。例如，在教学资源建设中，专业教师、专业技术人员和企业技术人员共同参与，企业技术人员提供企业生产实际案例，教师将企业案例转化为教学案例并向专业技术人员提供资源建设脚本；在协同工作中，专业技师的信息技术应用能力和企业实际生产经验、企业技术人员的教学基本能力均得到有效锻炼和提升。

其三，参与课题研究，提升科研能力。学院把教科研课题研究、成果转化作为一个提升教师教育教学能力、科研能力的突破口和重要途径，鼓励老教师申报、青年教师积极参与教科研课题。在课题研究与实践中，老教师带领青年教师接触和学习最新专业技术成果、洞悉并跟踪本专业和相应专业的学术动态，从而更新专业知识和专业技能，提高专业素质，同时要求及时转化研究成果——撰写论文或申报专利、将其教科研成果应用或体现在教学活动中，有效提高教师总结、提炼和展示教科研成果的能力，促进教师教育教学能力和教科研能力循序渐进的提升。

其四，通过开展多层次、多形式的技术服务、社会服务和社会培训等项目，提升教师的专业知识和技能。依托为大型企业开展生产设备维修，参与小微企业设备改造升级，承担学院系统设计与安装，为社区居民维修家电，开展企业员工、部队士官、农民工等人员的专业技能培训等，促进教师专业知识和技能的更新，提升教师的实践技能，同时又为企业节约了大量资金，社会效益和社会影响显著，形成团队建设示范效应。

（三）建立校企校团队建设协作共同体，搭建教师发展创新平台

通过共建产教融合人才培养联盟、共建应用技术研发服务基地、共建高水平教师发展中心、共建共享型实训基地等组建校企命运共同体，建立校企校团队建设协同工作机制和共同体之间教师资源共享制度，搭建教师发展创新平台，拓展"双师"培养途径。例如，学院利用学校与企业共建的校内生产性实训基地，引进多家中小企业入驻实训基地，成立智能制造产教协同应用技术与服务研发中心，同时依托企业兼职的大国工匠工作室，教师承接企业产品研发、技术改造及自主创新应用技术研究与开发项目，带领学生共同创新技术技能；采取与行业、企业和其他社会组织联合培养的方式，鼓励专任教师参加企业专业岗位资质认证培训和考核，培养校企双方认可、高含金量的"双师型"教师，从而提升教学团

队在技术创新、社会服务、文化传承等方面的能力。

第五节　专业群识图模块三教改革的新要求

一、开发"岗课赛证"融合的活页式教材

目前建筑工程识图教材的种类繁多，但真正能满足职业院校学生形成工作岗位职业能力的教材较少，特别是针对建筑工程识图"岗课赛证"融合的活页式教材匮乏，亟须在这方面改革创新。各院校可以依托学校或当地的实际工程，收集整理工程项目施工图、设计变更、施工过程照片、施工视频等资料作为教材真实案例，融入"1+X"证书标准和国赛标准，在此基础上将实际工程钢筋构造难点制作成三维动画，按照真实项目大载体、课堂教学小任务编制活页式教材。按照此思路编制的教材将充分结合施工过程的资源和虚拟仿真资源，从实际工作岗位出发，解决实际问题，注重实用性和可操作性，有效帮助学生提升识图能力。

二、探索"岗课赛证"融合的教法改革

在探索教法改革中，首先要建设识图、绘图一体化实训室，这是实现建筑工程识图教学课堂改革的基础条件。传统的建筑工程识图实训室识图和CAD绘图功能是孤立的，教师教的过程、学生学的过程和完成真实工作任务做的过程也是分开的，如讲解绘制梁钢筋纵剖图时，讲解梁平法规则和标准构造知识时往往是在多媒体教室，而绘制梁钢筋纵剖图时需要在机房开展，建设识图、绘图一体化实训室就可以满足教、学、做一体化实施。

襄阳职业技术学院按照此思路建设了两个"'1+X'建筑工程识图职业技能鉴定与人才培养中心"，每个实训室面积为150m²，含绘图区（48机位、双屏电脑）和识图区（活动桌椅）两个分区，在绘图区和识图区各配置一套投影，既能满足

建筑工程识图课程教学，也能满足"1+X"建筑工程识图职业技能等级考试的要求。依托识图、绘图一体化实训室可以探索教学做一体化、线上线下混合教学、课证与课赛融通、翻转课堂与探究式学习等教法改革，打造职业教育"课堂革命"典型案例。

三、打造"岗课赛证"融合的教师教学创新团队

通过建设建筑工程识图教学创新团队，有效增强团队创新和合作意识，及时跟踪装配式建筑、绿色建筑等发展趋势和动态，准确把握建筑工程识图模块课程建设与教学改革方向。建筑工程识图教学创新团队需要整合专业群各专业师资力量，根据建筑设计类、土建施工（结构）、建筑水暖、建筑电气四个不同方向划分，按照课程教学、"1+X"证书、技能大赛和技术服务四个方面相互融合、有所侧重，建立团队分工合作机制，最终打造高水平、结构化教师教学创新团队，服务于专业群建设和发展的需要。

第六节　识图教师创新团队的建设思路和实践

一、建设教师教学创新团队的新要求

传统的教学团队大概有两种形式，一种是以完成项目为载体的项目团队，另一种是承担同一课程教学任务的课程团队，这两种团队形式都比较单一，项目团队随着承担项目的结束团队也就自然解散，课程团队只是研讨一门课程的资源建设和课堂教学，往往和企业要求的岗位能力模块相脱节，也不能实现教师分工协作开展模块化教学。王姗姗基于教学创新团队开展实施模块化课程体系，将人才培养方案所有课程按照公共基础模块和专业核心模块设置，其中，专业核心模块分为几个培养方向，每个不同的核心模块培养学生不同的职业能力，对应不

同的"X"证书能力，各专业核心课程组教学创新团队主要对接产业链关键岗位，形成教师分工协作，开展模块化教学方式。

姜大源学习了《国家职业教育改革实施方案》后，把职业教育作为类型教育特征归纳为三个方面：一是企业与学校跨界合作的结构形式和办学格局；二是产业与教育需求整合的功能定位和社会价值；三是共性与个性框架重构的设计方法和逻辑工具。新时期教师教学创新团队建设也要实现跨界、整合和重构：创新团队要由校企人员跨界组成，既要研究教育规律，也要研究职业成长规律；创新团队要整合教育链与产业链的需求，实现学历证书与职业技能证书相互融通；创新团队要重构专业能力模块化课程，开展团队协作的模块化教学模式。余荣宝认为创新团队建设的主要目标是全面提升团队和教师按照国家职业标准和教学标准开展教学、培训和评价的能力；保证"双师型"教师队伍的质量、保证职业院校课程与教学的质量、保证复合型技术技能人才培养的质量。

二、对接"1+X"证书建设创新团队的思路

以工程造价、建筑工程技术等专业组成的专业群中为例，该专业群核心能力模块主要有建筑工程识图、BIM技术、工程造价和施工技术等四个模块，对应这四个能力模块分别有相应的"X"证书，在突出课证融通的基础上建设教师教学创新团队，通过团队分工协作设置课堂教学组、技术服务组、证书培训组和大赛指导组，进而实现"岗课赛证"融合，形成团队协作的模块化教学模式。

如图6-1所示，建筑工程识图教学创新团队基于土建类专业群共享核心能力模块和"1+X"建筑工程识图职业技能证书，实现书证融通和"岗课赛证"融合的要求，创新团队围绕建筑工程识图能力模块课程教学、技术服务、"1+X"证书培训以及建筑工程识图职业技能竞赛等相关工作，以分工协作、有所侧重为机制，整合专业群各专业的教师力量，柔性引进企业能工巧匠、产业导师等技术人员，最终打造高水平、结构化的教师教学创新团队，服务于专业群建设和发展的需要。

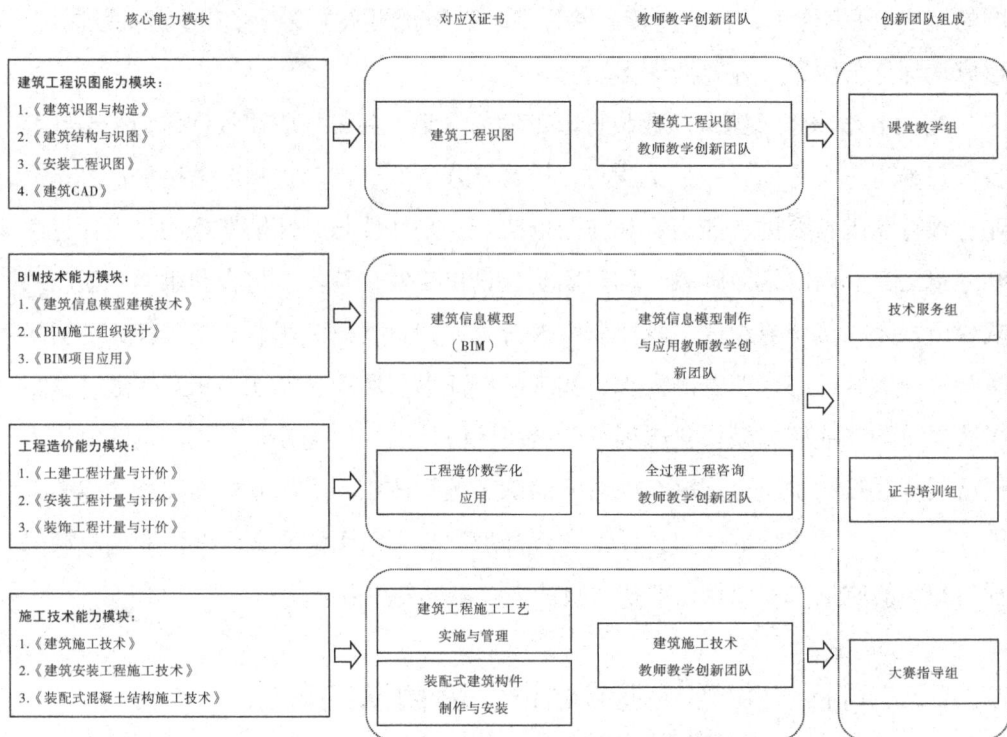

图 6-1　对接"1+X"证书建设创新团队的思路

三、建设"岗课赛证"融合创新团队的路径

　　建设一支高水平、结构化的建筑工程识图教师教学创新团队，应充分吸纳校企双方的优势资源，形成校企命运共同体，有效增强团队创新和合作意识，提升团队整体的实践能力和技术服务创新能力。一方面围绕"岗课赛证"融合，从人才培养模式、教学模式、课程体系、课程标准、教学方法、教学资源、技能大赛等方面创新和实践；另一方面依托合作企业的技术优势，及时补充新技术、新工艺、新规范等相关知识，及时跟踪装配式建筑、绿色建筑等发展趋势和动态，准确把握专业群模块课程建设与教学改革方向。建筑工程识图教师教学创新团队由团队负责人、课堂教学组、技术服务组、证书培训组和大赛指导组等组成，形成团队协作共同体，如图 6-2 所示。

图 6-2 教师教学创新团队人员组成

团队负责人。团队负责人设置校内和企业双负责人，校内负责人由专业领军人才担任、企业负责人由行业领军人才担任，负责人统筹安排教学创新团队的教师与企业人员的队伍建设，顶层设计教学、研究和实践平台，搭建并指导校内技术服务工作室运行，完善教学创新团队建设的管理制度保障、多元投入保障、项目实施保障和发展规划保障。

课堂教学组。课堂教学组由专业负责人引领，由教学名师（新秀）、骨干教师、"双师型"教师等组成，遵循人人成才、多样成才、学生中心、产教融合等理念，创设适合不同类型学生的教育模式，让学生在自身前期基础上获得专业技能、职业素养等方面最大可能的发展。深化教师、教材、教法"三教"改革，开发建筑工程识图能力模块系列活页式教材，建设在线开放课程，开展课堂教学改革和革命，打造职业教育"课堂革命"典型案例。

技术服务组。技术服务组由行业技能大师引领，以培养产业导师、技能名师（新秀）、"双师型"教师为主，通过校企协同培养"双师型"师资，校企共建"双师型"教师培养培训基地和教师企业实践基地，在企业建立示范性教师企业实践流动站、在校内建立技能大师工作室，推动企业工程技术人员、能工巧匠和职业院校教师的双向流动，技术服务组依托校内项目工作室，开展真实项目技术服务和众创空间活动。

证书培训组。证书培训组由教学名师引领，根据专业群建设和发展的需求，在"1"学历课程标准的制订中，紧紧围绕"X"证书的考评标准，将其融入"1"学历专业课程标准中，实现课程教学内容和"X"证书的考评内容有机衔接。教师和企业技术专家共同组成"X"证书研究团队，共同开展"X"证书培训资源和产品的研发活动，开展面向社会人员和企业员工的职业技能培训，对培训考核合格的人员发放"X"证书和培训证书。另外，在"1+X"证书培训基础上，引导团队积极服务于建筑行业的产业工人培训与评价、工程技术人员的职业资格考试与继续教育培训工作。

大赛指导组。大赛指导组由技能名师引领，围绕校赛、省赛、国赛搭建三级竞赛平台，专业群各专业紧紧对接省赛和国赛项目，合理设计各专业校级技能竞赛项目和每学期核心技能考核项目。依据省赛和国赛标准改革教学设计、教学方法和考核方式，进一步实现知识与技能的有效转化，融理论知识、技能训练和综合素质于一体，重视学生的实践能力、创新能力和工匠精神的培养，通过大赛选拔优秀人才，并把竞赛选手培养成复合型工匠人才，满足区域建筑产业转型升级对复合型技术技能人才的新需求。

第七章

"岗课赛证"模块课程建设理念研究

第一节　提炼适合职业院校学生分类培养的理念和方法

一、实施分类培养应遵循的基本理念

2019年以来，我国高等教育规模不断扩大，这也导致高职院校生源结构发生了重大变化。教育部出台的《高职扩招专项工作实施方案》中明确指出"高职扩招是面向普通高中毕业生、中职（含中专、技工学校、职业高中）毕业生、退役军人、下岗失业人员、农民工和新型职业农民等报考高职院校的群体"。因此，普通高考、技能高考、"3+2"等生源类型是大部分高职院校招生的主要来源。在此背景下，针对不同类型学生的基本素质、特长和文化基础去制订人才培养方案、教学标准、课程体系，对学生实施分类培养势在必行。随着我国经济的快速发展以及对人才的精细化、层级化需求，"分类培养、因材施教"将成为越来越多高职院校人才培养的主要途径。高校实施分类培养遵循的基本理念有三个。

（一）以人为本、以学生为本

《国家中长期教育改革和发展规划纲要（2010—2020年）》明确提出，高校人才培养工作应关心每个学生，促进每个学生主动地、生动活泼地发展，尊重教

育规律和学生身心发展规律，为每个学生提供适合的教育。"以人为本""以学生为本"理念在高等教育中的主要表现形式就是依据学生个性的差异化分类培养。它的重点在于尊重学生的多元化、多样化发展需要，突出学生的主体性，推动学校从学生成才的目标出发，为不同的学生成才创造不同的机会，实施人才分类培养计划的顶层设计和制度保证，以满足学生个性化发展的需要，培养适合不同岗位的技术人才。

（二）人人成才、多样成才

鉴于近年来学生生源结构的复杂性，职业教育中学生的行为习惯、兴趣爱好、知识基础的差异较大，分类培养的模式是社会对技术技能人才多样化需求的必然结果，我们培养的人才需满足经济社会及行业企业的要求，采取多模式、多渠道、多层次、多类型的人才培养，为不同类型的学生提供个性化、合适的教育。目的在于通过分类培养使每一类学生都能获得成才的机会，为各类人才的成长铺就广阔的道路。

（三）以社会需求为导向

高等院校的人才培养，首先是要服务地方社会经济发展的需要，人才培养定位应该与社会需求相一致。而目前传统的高职教育各院校之间的人才培养模式同质化现象严重，尤其是综合类院校，院校专业特色不突出，学生就业出现扎堆现象。随着我国经济发展的快速转变，建筑行业已经进入产业化、工业化阶段，智能建造、智慧建造成为行业主流。高职教育要通过分类培养社会岗位亟须的高技能型人才、技术应用型人才和创新复合型人才，为企业、行业的转型升级发展提供充足的产业技术人才，最终成长为各行各业的能工巧匠和大国工匠，真正实现人尽其才、才尽其用的局面。

二、探索适合职业院校学生分类培养的模式

目前全国高职院校已经开始了分类培养的尝试和探索，主要从分专业培养、

大专业分方向培养以及专业群统筹下的"先基础共享、后专业选择"的培养模式。

（一）分专业培养

目前高等院校常用的分类培养模式就是依据各个专业的特点分别招生，再根据专业对应的人才培养方案和课程体系设计实行专业人才的分类培养。各个专业之间的界限相对突出，培养出的学生就业面相对较窄，无法满足企业对高技能型人才、技术应用型人才和创新复合型人才等不同层级人员的需求。

（二）大专业分方向培养

专业分方向是指在一个专业内分别设置若干培养方向，或称为发展方向，其实质是将专业明细化、具体化和领域化。这种培养模式在很多高等院校也比较常见，一般都是以专业为单位统一招生，在大一、大二完成专业基础性课程后，根据学生对专业、行业的了解以及学生自主的意愿选择专业方向，完成选择后再开展专业方向课程的针对性学习，进而培养不同岗位的企业人才。

（三）"先基础共享、后专业选择"的培养

这种模式是在"双高建设"的基础上出现的，依托专业群建设，结合行业完整产业链进行的培养模式上的创新。具体路径是学校制订专业群人才培养方案，厘清各个专业之间的区别和联系，做好专业群课程体系的顶层设计，专业群课程体系是按照基础共享、中层分设、高层拓展互选来设置。再按照专业群统一招生，专业的划分以及学生分类一般是在大一下学期开展，进校之后首先按照专业群划分班级、培养基础技能，在大一下学期时学生根据个人对行业的整体了解结合自身特点选择专业，专业确定后再开展专业技能的强化培养。这种模式重点突出学生的自主选择性，但需要学生充分了解学科专业，突出的优势是在专业群框架下不仅帮助学生建立了行业、产业的认知，同时也尊重了学生的个人专业兴趣，有助于提高学生学习专业知识的积极性。

三、"岗课赛证"融合背景下实施分类培养的新要求

自 2019 年以来"学历证书 + 若干职业技能等级证书（'1+X'）"制度试点工作一直在持续进行，这种方式给学生提供更多个性化专业学习的机会，在取得学历证书的基础上，根据自身专业学习情况取得多类职业技能等级证书，以此拓展就业创业方向，缓解结构性就业矛盾。同时，省级、国家级的专业技能大赛也开展得如火如荼，通过这种方式培养技能型的学生掌握未来工作岗位需具备的专业能力。在这样一种背景下，高职教育的分类培养就不能仅仅局限在专业上的分类或课程上的分类，而应在"岗课赛证"融合的基础上完善人才培养模式，细化分类培养路径，借此解决专业人才培养目标单一、学生技能掌握单一、就业岗位单一等问题，实现课堂教学与岗位实践、职业技能等级证书、技能大赛的有机结合，提升学生的综合素质和就业竞争力，满足企业对技术型、技能型、工匠型人才的不同需求。

第二节　探索基于"岗课赛证"融合的分类培养新路径

一、对接企业核心岗位开展现代学徒制育人

我校建筑工程学院依托建筑装饰工程专业群以学生发展为中心，校企一体设计人才培养方案，构建"岗课赛证融通、学做研创一体"的现代学徒制人才培养模式。专业群的构建为实施分类培养奠定了重要基础，以工程造价专业为例，在校期间工程造价专业依据学生的个性化需求、专业技能考核（证书、大赛）将学生分类培养（定向培养班、普通班和卓越班），不同类别的学生掌握的专业技能侧重不同，对应企业的核心岗位不同；其次，通过现代学徒制育人方式将分类培养的学生深入企业不同岗位，企业师傅手把手实践教学，使学生逐步成长为造

价、施工、项目管理等企业不同工作岗位的技能型、技术型和工匠型人才。通过实施现代学徒制实现了校企一体化育人，充分发挥了校企双方的优势，培养了企业需要的技术技能人才。

二、对接技能大赛培养学生的专业核心技能

对接专业技能大赛组建竞赛卓越班是实施分类培养的一种重要方式，专业群各专业紧紧对接省赛和国赛项目，合理设计各专业校级技能竞赛项目和每学期核心技能考核项目，通过校赛、省赛、国赛逐级培育和选拔优秀选手，把竞赛选手培养成高水平工匠型人才。以工程造价专业为例，校级层面技能竞赛项目设置如表7-1所示。

表7-1　工程造价专业校级技能竞赛一览表

赛项名称	举办时间	参与人员	核心技能	备注
建筑CAD"绘图达人"竞赛	大一上学期	专业群全体学生	识图与绘图技能	为省赛、国赛、行业赛做好准备
建筑工程测量竞赛	大一下学期	建筑工程类学生	测绘技能	
BIM设计大赛	大二上学期	建筑工程类学生	BIM综合应用技能	
"预算达人"技能竞赛	大二下学期	工程造价类学生	工程造价应用技能	

通过对接国家级、省级职业技能大赛考核标准完善专业人才培养设计、课程体系建构，将专业必须掌握的核心技能内容与技能大赛标准对接，依据技能大赛要求对选拔出的部分学生开展针对性训练，不仅可以培养学生的专业核心技能，还可以提高学生的动手实践能力，提高学生的综合素质，使其在未来成长为企业、行业高素质工匠型人才。

三、对接"1+X"证书培养学生复合型技能水平

"1+X证书制度"的意义主要是通过将证书培训内容有机融入人才培养方案、专业课程体系，使学生在取得学历证书的同时取得一项或多项职业技能等级证书。这种证书制度的实施一定程度上促进了职业教育人才培养提倡的"分类培

养""因材施教"理念的实践，伴随着"学分银行"的推行，"学历认证"与"资格认证"衔接关系也越来越紧密。以建筑工程类专业为例，如表7-2所示，高职院校培养的学生有对接传统八大员技术和管理岗位，也有对接装配式设计、生产等技能操作岗位，学习侧重点和知识深度差异较大，通过"1+X 证书制度"将职业技能培训融入学历教育中，通过分类培养方式解决当前职业教育面临的复杂问题。其最终目的是服务国家和市场需求、提升学生的就业能力和就业空间，缓解结构性的就业问题，促进国家经济发展。

表7-2　工程造价专业能力模块与"X"证书

能力模块	核心技能	对应"X"证书	参与人员
建筑工程识图能力	识图与绘图技能	建筑工程识图	专业群全体学生
BIM 技术能力	BIM 建模及应用	建筑信息模型 (BIM)	专业群全体学生
工程造价能力	工程造价应用技能	工程造价数字化应用	工程造价类学生
施工技术能力	建筑施工工艺与装配式技术	建筑工程施工工艺实施与管理、装配式建筑构件制作与安装	建筑工程类学生

"1+X 证书制度"的推广实施，也推动了产教融合的发展步伐。通过"岗课赛证"的融通方式不仅提高了人才培养质量，也降低了企业二次培训的用人成本，有助于人才培养的针对性、高效性，实现校企互利共赢、协同发展。

第三节　实施技能型、技术型和复合型人才的分类培养

一、基于专业群学生现状确定分类培养模式

建筑工程学院 2021 年共招生 481 人，其中，工程造价、建筑工程技术、装配式建筑构件智能制造技术三个专业共招生 232 人，这 232 人主要是通过普通高考、技能高考等方式招生入校，有一定的文化基础和基本素养。学院以学生发

展为中心，校企一体设计人才培养方案，如图 7-1 所示，这 232 人进校时按照建筑工程专业群编成六个班，实行专业基础课程共享、通用技能打通的方式组织教学，使入校学生对行业、专业有基本认识，并具备一定的专业基础技能；在大二开学之初综合考虑生源的高考成绩、大一成绩、专业教师评价、职业取向、兴趣特长和发展潜能等，并结合专业群核心岗位、"1+X" 职业技能等级证书、各项技能竞赛将学生划分成技能竞赛班、"1+X" 职业技能考核班、专升本培训班、职业岗位训练班等开展分班教学，对不同类型的班级实施差异化教学，通过上述分类教学，满足建筑行业企业对不同类型、不同层次人才的需求；在大三阶段，学生根据自己已具备的专业特长选择合话的顶岗实习岗位。

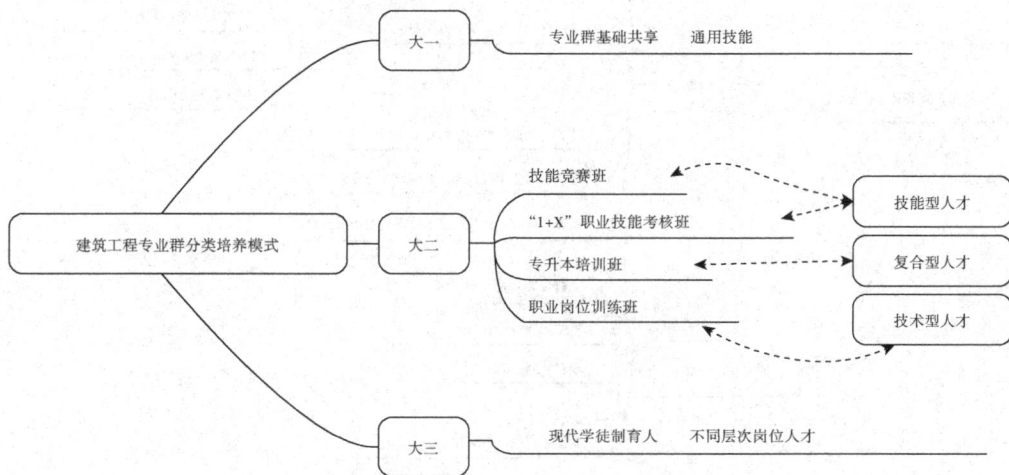

图 7-1　专业群分类培养模式探索

二、基于专业群构建"岗课赛证"融合分类培养的课程体系

参考国内外关于人才分类培养模式的相关研究成果，结合本校教学改革的实际要求，专业群的课程体系构建遵循"基础共享课程 + 中层分设课程 + 拓展互选课程"的架构，技能竞赛班、"1+X" 职业技能考核班、专升本培训班、职业岗位训练班按照分班情况适当调整课程和教学内容。具体到每个专业底层设置与专

业群相同的专业基础课程、素质课程和创新创业课程，中层分设依据专业人才培养方案开展专业能力模块的分类培养，以工程造价专业为例，工程造价专业中层分设的技能模块包括建筑工程识图与绘图模块、建筑施工技术模块、工程造价模块、BIM 综合应用模块，顶层设置满足学生个性发展和创新发展需求的专业方向课程，如图7-2所示。

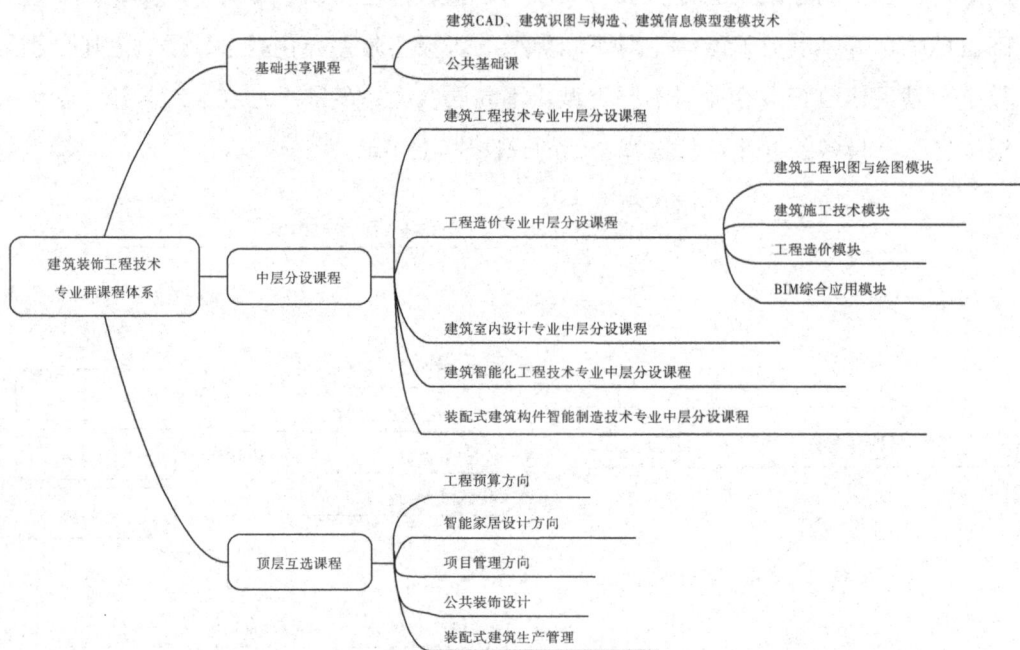

图 7-2　专业群分类培养课程体系

三、搭建产教融合平台分类培养行业企业亟须人才

我院在产教融合方面坚持对接标准化设计、接装配式施工、一体化装修、BIM 信息化管理、智能化应用行业新业态，与海天集团、上海宝业集团、广联达公司、海尔集团及本地汉江检测有限公司、襄阳宝业工业化有限公司等企业开展深度合作，共建"BIM+装配式+产业升级"的工程技术双创中心、"BIM+装配式+创业、培训"的技术咨询服务和基于专业群核心能力培养的一系列课程资源、

"1+X"职业资格鉴定、教材开发的综合服务模式,目的在于通过与企业的深入合作,创新更多的人才分类培养模式,这样不仅能够更好地满足市场对不同岗位人才的要求,也能够更好地挖掘学生的潜能,培养学生的专业能力。

第八章

"岗课赛证"背景下教学管理制度研究

第一节 "岗课赛证"融合新背景下 传统管理存在的问题

一、"学分银行"学习成果互融互通机制不够健全

国务院《国家职业教育改革实施方案》提出，要"加快推进职业教育国家学分银行建设""实现学习成果可追溯、可查询、可转换"，实现学历证书和技能证书载明的不同类别的学习成果能够相互认定、积累和转换，拓展技术技能人才成长通道。教育部等九部门在《职业教育提质培优行动计划中（2020—2023）》中将"加快建设职业教育国家学分银行、健全学习成果的认定、积累和转换制度"作为新时代职教"提质培优计划"56项重点任务之一。

建立学分银行即将是未来职业教育的发展趋势，但目前，各学校的学分银行建设还处于摸索阶段，情况差别较大，学分认证与学习成果的互融互通机制并未健全。首先是学校对学分转换的范围的界定以及学习成果的评价未给予明确的政策要求，其次是学分认定没有统一标准，在操作时存在较多困难。

二、基于生源多样性的学生分类培养机制还不够完善

2019 年,国务院发布《国家职业教育改革实施方案》(国发〔2019〕4 号)(简称"职教 20 条"),在"职教 20 条"中对职业教育做出了全新的定义,指出职业教育是一种类型教育,跟普通教育具有同等重要地位。同时,在 2019 年的《政府工作报告》中也明确提出要完善和改革职业院校学生招生办法,要拓宽招生渠道、扩大招生规模,让更多的人享受到优质教育。目前,高职生源类型主要有三种:高中毕业的普通高考生;中职毕业的技能高考和单招考生;通过定向培养的"一村多名"考生及退役军人、企业职工等"社会性"考生。生源结构的多样化必将成为高职教育发展面临的问题。

鉴于上述两点,面对教育转型和生源变化,职业院校必须提高办学水平和人才培养质量。为实现"人人可成才、人人尽其才"的办学目标,为更多的学生营造良好的学习条件和学习氛围,分类培养应是职业院校必须坚持的发展趋势。

目前,各高校均已意识到分类培养的重要性,也针对生源结构复杂这一现实问题采取了一系列的教学改革措施,但就目前而言,高职院校分类培养的机制还不够完善,主要体现在以下三个方面。

其一,人才分类培养目标差异化不明显,人才分类培养方案实施不彻底。在上述内容中提到的三种类型生源,在知识结构、技能水平、成长历程、学习动机和未来职业发展需要等方面存在很大差异,采用同一套人才培养方案、设定相同的人才培养目标显然是不合理的。经调查,大部分高职学校在针对应届考生生源和社会生源培养模式上制订了不同的人才培养方案,但受制订人主观意识的影响,不同类型学生的人才培养方案差异化并不是特别明显。同时,人才分类培养方案在实施的过程中,又受到师资、场地、教学硬软件条件等客观因素的限制,导致方案实施不彻底,培养效果不明显。随着社会进步、政策调整、行业发展等条件的改变,人培方案更新不及时、缺乏个性化等问题,都不能很好适应生源多样化的需求。

其二,教学管理制度不灵活,不满足分类培养需求。高职院校目前采用的教学管理制度主要是针对普通生源制订的全日制管理模式,在各学年甚至是各学

期强调管理的统一，这对社会生源来说显然是不太合理的。社会生源学生除完成学习任务外，还需承担工作责任和家庭责任，需要更加灵活的学习方式。虽然很多学校已经采取了弹性制的教学管理办法，但这些办法和文件制订得不够详细，更多的可能只是停留在"纸面上"，没有实际实施或实施起来不方便，学分转换、学分认定等管理制度也不完善，导致不同生源的学生在完成学业时困难重重，这些都是阻碍高职院校人才分类培养工作推进的绊脚石。

其三，师资数量不足，师资结构不合理。高职扩招带来的一个很明显的问题，是师资队伍的严重不足，师资结构不能满足分类教学的要求。人才分类培养的前提条件是要有充足的专业教师，然而目前教师队伍建设并没有跟上生源扩招的步伐，很多高校教师长期处于高负荷工作的状态，教师数量缺口较大，尤其是专业教师缺口就更加明显。要满足分类培养，针对不同生源学生的学习特点开展教学，打造结构化的教师团队更为重要，亟须知识教授、技能传授、实训实践指导等多种类型的专业教师、企业师傅或行业专家进入学校任教。而受高校人才引进制度影响，实现结构化教师团队仍然存在很多困难。

三、基于"岗课赛证"融合的考核评价体系还不够科学

与人才分类培养目标相呼应的自然是对不同类学生的考核评价标准。随着教学管理模式的调整以及教学方式的转变，对学习成果的考核方式也需要随之而变，由以往的知识体系分数评价变成完成工作过程的成果评价。目前，高职院校融合了专业课程、岗位工作要求、职业技能等级证书、技能竞赛，构建多元化的考核评价体系，以此弥补人才分类培养时原有教学评价模式的不足。但目前，这种融合还不够科学，也不够完善。

其一，考核方式单一。高职院校对学生学业的考核主要是通过考试和技能考查等方式开展，所有学生统一方式、统一标准，并未考虑学生的学习特点和个体性差异。但随着生源结构变化、教学方式转变、行业发展、技术革新等，考核方式和考核内容侧重点也应随之变化。针对不同类型的学生，高职院校并未采取不同形式的考核方式认定学生的学习成果，或者说，并未有效执行不同的考核方式

认定学生的成果。

其二，评价维度单一。高职院校目前的评价是以校内评价为主，对学生学习效果的评价主要是由任课教师完成，评价的结论也与教师的专业水平和技能水平有较大关系，评价不全面、不客观，甚至与实际工作岗位要求脱节的现象依然存在。同时，学分银行制度和学习成果认证制度并未完善，学分转换规则也并未真正落地，这就不能较好的把国家职业资格认证、行业企业认证等多种评价方式应用到对学生的评价中。

第二节 建立"岗课赛证"融合的多方协同运行保障机制

一、构建"岗课赛证"学习成果学分认证与转换机制

高职院校在认证学习成果学分时，首先应明确学分认证开展的范围，帮助学生明确何种学习成果会得到学分的认证与转换，可将岗位核心技能，"1+X"职业技能等级证书，省级、国家级竞赛纳入学分认定范围，鼓励学生根据自己的能力水平实现相应的能力目标，实现学生的分类培养。其次，在认证和转换学分时，应明确具体的实施细则，给出统一认证的标准，便于学生、教师、教学管理人员有效实施，真正落实学分认证政策。

二、构建"岗课赛证"融合学生分类培养的保障机制

实现高职学生分类培养，必须从多方面保障。

首先，在人才培养定位及培养目标上就应有所区分，这就要求各专业在制订人才培养方案时需要深入开展学情分析，针对不同生源的学生制订不同的培养方案，从源头上实现差异化和个性化的培养。按照"层次定位、专业定位、类

型定位"三个维度进一步细分技术技能型人才培养目标。针对生源特点和学生的学习特点、技能水平、工作经历等,在课程设置、授课内容侧重点、技能水平要求、考核评价方式以及毕业标准上都应有所区别。除此之外,还需要深入做好行业、企业调研,研究岗位能力要求,紧跟行业发展趋势不断调整和更新人才培养方案。

其次,改革教学管理制度,在满足国家政策和教学标准的基础上,完善和落实弹性制教学管理制度和学分转换制度。例如,在普通生源的教学管理中,可以将考取职业技能等级证书、考取职业资格证书或省级、国家级竞赛获奖与相应课程进行转换;针对社会生源,可以采取"开放化"的教学管理制度,使用更加灵活的学时安排、授课方式、学年制度甚至是学籍制度。

最后,要多措并举,扩充教师队伍,构建结构化的教师创新团队。主要可从两方面进行:多途径补充紧缺教师和快速度提升现有教师教学能力和水平。从补充教师方面来讲,学历目前仍是高校教师招聘的门槛,高校课优化教师引进政策,可采用柔性方式,吸引经验丰富、技能过硬的优质兼职教师。也可向企业借力,在校企合作的同时,共享企业师傅资源,将企业的能工巧匠、技术能手到学校承担一部分教学工作,或结合"现代学徒制"教学模式,采用企业师傅带学生徒弟的方式开展教学。从提升教师能力和水平方面来讲,应转变教师观念,强化"因材施教"的意识,针对不同类型、不同层次的学生选择不同的教学方法。教师更要工学结合,深入行业企业实践锻炼,掌握最新技术及工艺,不断提升教学水平和专业技能,满足不同学生的学习需求。

三、构建"岗课赛证"融合多方协同的考核评价体系

考核评价体系的改革与完善必须与人才分类培养方案同时进行,为较好实现考核的及时性、全面性和客观性,可融合课程、岗位需求、职业等级证书和技能竞赛等多方面协同,完善考核评价体系,可从改革考核方法和增加评价方式入手。

对学生的学习,除了传统的试卷考试、技能操作考查等,也可将获得"1+X"

职业技能等级证书，获得省级、国家级竞赛奖项，获得企业技能认证证书等纳入考核标准中，通过学校学分转换政策，获取相应专业课程学分。对不同学生的考核也将不再局限于同一标准，更加适应学生的个性化发展。

在改革考核方法的同时，可引入多元化的评价方式。传统教学中，更多的采用的是以任课教师评价为主的评价方式，现在，我们可以更多的借助企业资源以及第三方平台，监控和评价学生的学习过程，例如，在我校实行的现代学徒制教学管理模式中，学生参与企业化课程，学习过程均由企业师傅给予评价；在顶岗实习阶段，学生的实习过程由可通过线上平台监控，做到评价有据可依。

第九章

"岗课赛证"背景下多元评价方式研究

第一节　创新"岗课赛证"融合的柔性化管理和评价方式概述

柔性管理是相对刚性管理而言的一种方式，刚性管理以规章制度为中心，通过规章制度来约束和规范个人的行为，柔性管理则以人中心，通过正面激励、引导等方式激发个人的积极性。柔性管理与刚性管理是相辅相成、互相促进的，要在刚性管理基础上完善柔性管理，充分利用校、企、政等各方面资源和力量，提高教学水平和人才培养质量。通过创新柔性教学管理制度，使传统刚性教学管理向刚柔结合管理转变，使传统型教学管理向管理服务型教学管理转变，将传统班级教室授课形式转变为校内工作室项目教学、企业在岗培养组织形式。

一、以学生成才为中心改革多形式、多类型的柔性制度

以专业群为单位构建模块化课程体系，对学生实行卓越班、普通班和定向培养班分类培养，不同类型的学生采取不同的培养路径、管理模式和不同的评价方法，定向培养班以技能操作的考核为主，普通班以技能操作、综合测试的考核为主，卓越班以完成真实工作任务效果的考核为主。积极探索《教育部办公厅关于全面推进现代学徒制工作的通知》（教职成厅函〔2019〕12号）文件倡导的"三天在企业、两天在学校的'3+2'培养模式"，建立灵活的学分替代机制，满足职

业教育新形势下多组织形式、多授课类型教学管理模式的有效运行。

二、以教师发展为中心改革教师教学创新团队的分类管理

以教师教学创新团队为单位对教师分类管理，教学团队按三类设置教师类型即教学为主型、教学科研并重型、技术服务教学并重型：教学为主型主要承担教学工作，可承担少量技术服务工作、不承担科研及教育工作量；教学科研并重型以教学、科研工作为主，承担少量技术服务和教育工作量；技术服务教学并重型以技术服务为主，围绕技术服务承担企业课程、专业层面创新创业课程和众创空间课程。学校、院部以建立的教师教学创新团队为对象整体考核，同时建立团队企业骨干人员柔性引进制度，充分利用行业、企业优势资源，保证团队及时跟进行业新技术发展。

第二节　以院部发展为中心改革发展性、差异性的教学评价

针对以院部发展为中心的教学评价，具体的改革和发展性措施有九条。

（1）设定明确的发展目标：确立学院的教学发展目标，并将其与院部的发展战略和教育使命相一致。这些目标应该是具体、可衡量的，并能够反映学院的独特特点和发展方向。

（2）强调个性化评价：鼓励针对学生的个性化评价，将评价过程与学生的差异和个人特长相结合。评价体系应该考虑到学生在不同学科和能力领域的发展潜力，为其提供充分的发展空间。

（3）多维度评估学生表现：除了传统的考试和成绩评价外，引入多种评价手段，如项目作业、实习实训、口头报告、小组合作等，综合评估学生的综合素质和能力。通过多个维度的评估，更全面地了解学生的表现和发展情况。

（4）鼓励创新和实践能力：评价体系应该重视学生的创新思维和实践能力的培养。鼓励学生参与科研项目、社会实践、创新创业等活动，并将这些经历纳入评价体系中。评价应该关注学生的创新成果和实践经验，激励其积极探索和应用知识。

（5）强化师生互动和反馈机制：建立师生之间的良好互动和反馈机制，促进有效的教学交流。教师应与学生个别谈话，了解其学习需求和问题，并给予及时的指导和支持。同时，鼓励学生提供对教师的反馈意见，促进教学的改进和优化。

（6）建立持续改进机制：评价体系应该是一个动态的过程，需要不断改进和调整。通过定期的评估和反馈，及时调整评价标准和方法，以适应学院的发展需求和变化。建立评价体系的持续改进机制，确保评价工作与学院的发展保持一致。

（7）加强对教师发展的支持：为教师提供专业发展机会和资源，提高其教学水平和能力。建立教师评价体系，将教学质量和学生发展情况作为评价教师的重要指标之一。通过教师培训、交流分享和专业发展计划等方式，激励教师积极参与教学改革和创新实践。

（8）加强评价结果的应用：评价结果应该成为学院教学改进和发展的重要依据。学院应该建立反馈机制，及时将评价结果反馈给教师和学生，共同探讨改进和提升的方案。评价结果还可以用于学院的对外宣传和招生工作，展示学院的教学质量和特色。

（9）建立监督和质量保障机制：评价体系应该建立相应的监督和质量保障机制，确保评价过程的公正、客观和可靠。学院可以组织评估专家对评价体系开展外部评估，以确保评价的科学性和有效性。同时，学院应建立内部质量监控机制，对评价过程进行监督和反馈，及时发现和解决存在的问题。

综上所述，针对以院部发展为中心的教学评价，可以通过设定明确的发展目标、强调个性化评价、多维度评估学生表现、鼓励创新和实践能力、强化师生互动和反馈机制、建立持续改进机制、加强对教师发展的支持、加强评价结果的应用以及建立监督和质量保障机制等具体的改革和发展性措施来推进教学评价的改革和发展。这些措施将有助于提高教学质量、培养学生的综合素质和能力，促进学院的持续发展。

Reference
参考文献 ————————————————————————

[1] 曹焕亚，杨天玲. 高职院校专业群实施"1+X"证书制度的路径研究——以浙江机电职业技术学院智能制造专业群为例 [J]. 机械职业教育，2020（8）：20-24.

[2] 冯均州."1+X"证书制度下工程造价专业人才培养实践研究——以苏州建设交通高等职业技术学校为例 [J]. 江苏教育研究，2020（30）：40-43.

[3] 曾天山."岗课赛证融通"培养高技能人才的实践探索 [J]. 中国职业技术教育，2021（8）：5-10.

[4] 刘镇. 基于建筑现代化的高职专业群构建路径 [J]. 河北职业教育，2020（2）：79-82.

[5] 姚亚锋，徐广舒."双高计划"视域下专业群建设探究——以南通职业大学建筑工程技术专业群为例 [J]. 职业技术教育，2020（26）：23-27.

[6] 肖琼霞."1+X"证书制度中培训评价组织与院校共同促进"课证融通"路径探索——以建筑工程识图职业技能证书为例 [J]. 绿色科技，2020（23）：224-225,228.

[7] 牛江瑞，许影."1+X"证书制度下土建专业群"平台 + 模块"课程体系构建 [J]. 山西建筑，2020（21）：187-188.

[8] 广州中望龙腾软件股份有限公司."1+X"建筑工程识图职业技能等级标准 [S].2020.

[9] 王姗姗，王敬艳. 智能制造专业群教师分工协作视角下的模块化教学模式 [J]. 工业技术与职业教育，2020（4）：44-47.

[10] 姜大源. 跨界、整合和重构：职业教育作为类型教育的三大特征——学习《国家职业教育改革实施方案》的体会 [J]. 中国职业技术教育，2019（7）：9-12.

[11] 余荣宝. 高职院校教师教学创新团队的目标定位与创新路径 [J]. 襄阳职业技术学院学报，2020（1）：1-5.

[12] 冯依锋. 基于生源多元化高职建筑工程类专业人才分类培养改革研究 [J]. 襄阳职业技

术学院学报，2020（3）：48-51，76.

[13] 马锐.高职扩招背景下分类分层人才培养模式创新研究 [J]. 太原城市职业技术学院学报，2021（7）：50-52.

[14] 李俊龙，张天保，顾南，等.基于学生差异化发展的人才分类培养体系的设计和构建 [J]. 中国大学教学，2012：21-23.

[15] 冯依锋.基于生源多元化高职建筑工程类专业人才分类培养改革研究 [J]. 襄阳职业技术学院学报，2020,19（3）：48-51,76.

[16] 李尚越，吴丽娜.高等院校分类培养模式的现状与发展趋势 [J]. 教育经济，2019（9）：76-77.

[17] 李立国，薛新龙.《建立以人才培养定位为基础的高等教育分类体系》[J]. 教育研究，2019，39（3）：62-69.